Bergbau im Gernröder Revier

Von den vermutlichen Anfängen im Hochmittelalter bis zum endgültigen Erliegen im 20. Jahrhundert

Bernd Sternal

Sternal Media

Bibliografische Information der Deutschen Nationalbibliothek
Die Deutsche Nationalbibliothek verzeichnet diese Publikation in
der Deutschen Nationalbibliografie; detaillierte bibliografische
Daten sind im Internet über dnb.d-nb.de abrufbar.

Impressum:

© 2018 Bernd Sternal
Herausgeber: Verlag Sternal Media, Gernrode
Gestaltung und Satz: Sternal Media, Gernrode
www.sternal-media.de
www.harz-urlaub.de

Umschlagsgestaltung: Sternal Media
Abbildungen, Karten und Fotos: Archiv Sternal sowie siehe Bild-
Legenden und Bildnachweis
Sagen-Zeichnungen: Lisa Berg

1. Auflage Oktober 2018
ISBN: 978-3-7481-6803-4
Herstellung und Verlag:
Books on Demand GmbH, Norderstedt

Der Bergbau hat den Harz und seine Randgebiete grundlegend geprägt. Dabei spielten die Metalle eine besondere Rolle, denn nicht von ungefähr sind ganze Geschichtsperioden nach ihnen benannt worden.

Die ältesten bekannten metallischen Funde sind etwa 12.000 Jahre alt und stammen aus Kleinasien. Heutige Forschungen gehen davon aus, dass die frühe Metallurgie ein entscheidender Faktor für die Umstellung der nomadisierenden Jäger und Sammler zum Ackerbau und zur Sesshaftigkeit war.

In Mitteleuropa begann diese kulturelle Umstellung jedoch erst Jahrtausende später. Es gab zwar ab der frühen Bronzezeit vor etwa 2.200 v. Chr. Funde von Werkzeugen, Waffen und Schmuck aus Metallen, jedoch ging die Wissenschaft lange Zeit von Importen aus.

Bis vor wenigen Jahrzehnten galt die zweite Hälfte des 10. Jahrhunderts als Beginn des Harzer Bergbaus und damit auch der Metallurgie. Das Jahr 968 war das magische Jahr, in dem gemäß Widukind von Corvey's Chronik erstmalig die Entdeckung einer Silberader unter Otto I. am Rammelsberg historisch festgehalten wurde. Fortan wurde diese Jahreszahl als Beginn des Harzer Bergbaus genannt. Da die historischen Quellen für die Zeit davor schwiegen, blieb es der Archäologie vorbehalten weiterführende Erkenntnisse zum Harzer Bergbau zu liefern. Das jedoch dauerte bis in die 1980er Jahre, zuvor waren die wissenschaftlichen Methoden einfach noch zu unausgereift. So ist es kein Wunder, dass noch heute in zahlreichen Büchern und Schriften der Beginn des Harzer Bergbaus in das Jahr 968 verortet wird.

Zudem gehörten zur Gewinnung archäologischer Erkenntnisse, neben modernen Methoden und interdisziplinärer Zusammenarbeit, auch immer ein Quäntchen Glück. Ein entscheidender Hinweis, der alle bis dato geltenden Thesen zu widerlegen begann, kam Ende der 1970er Jahre von dem Ortschronisten des Dorfes

Düna bei Osterode, Gustav Bierkamp. Dieser hatte Geländean-
omalien nahe dem kleinen Ort entdeckt und diese als eine alte
Vorgängersiedlung des heutigen Düna gedeutet, welches erstmals im Jahr 1286 genannt wurde. Nachdem sich Archäologen
im Jahr 1981 dieses als Weide dienenden Grundstücks angenommen hatten, wurde schnell klar, dass Bierkamp Recht hatte.

Zu diesem Zeitpunkt war jedoch noch nicht abzusehen, dass aus
dieser Testgrabung eine folgenreiche archäologische Grabung
werden sollte, die für die gesamte Harzregion das Geschichtsbild
verändern sollte. Was keiner ahnte wurde Realität, während der
insgesamt fünf Jahre dauernden Grabung wurde ein frühmittelal-
terlicher Herrensitz freigelegt. Die eigentliche Sensation aber waren die ausgegrabenen Hinterlassenschaften zur Metallgewin-
nung und -verarbeitung von Harzer Erzen. Diese konnten bis in
das erste vorchristliche Jahrhundert hinein datiert werden, also
etwa Tausend Jahre früher als bisher angenommen. Diese kleine, aber regional bedeutende, Sensation, die sich jedoch nur
schwer gegen die fundamentierte Lehrmeinung durchsetzen
konnte, gab der Harzer Montanarchäologie dennoch entschei-
dende neue Impulse.

Bis zu diesem Zeitpunkt sah man den Harz bis in das Hochmittelalter als natürliche Bastion an, die aufgrund ihrer Unwirtlichkeit
eine Völker- und Kulturscheide bildete. Erst nach den montanar-
chäologischen Erkenntnissen von Düna begannen sich neue
Denkansätze herauszubilden. Neolithische Funde aus dem Gebirge, die seit Beginn der Archäologie als Wissenschaft gemacht
wurden, bekamen nun einen anderen Stellenwert und wurden
neu interpretiert. Wissenschaftliche Untersuchungen in anderen
europäischen und besonders auch süddeutschen Mittelgebirgs-
landschaften stehen dabei im gleichen Erkenntnishorizont, wie
die Harzer Erkenntnisse. Es kann daher heute als unstrittig gelten, dass die Hochlagen des Harzes im Neolithikum nicht nur zu
jagdlichen und kultischen Zwecken genutzt wurden, sondern

dass diese Regionen seit dem Beginn der Sesshaftigkeit – die auch in direktem Zusammenhang mit Viehhaltung steht – saisonal aufgesucht und genutzt wurden.

Zahlreiche moderne Prospektionsmethoden kamen bei diesen umfangreichen Untersuchungen zum Einsatz, von denen besonders die Pollenanalyse der Hochmoorgebiete hervorzuheben ist. Bei fast allen Pollendiagrammen ist dabei der menschliche Einfluss auf die Vegetation zu beobachten und lässt für das Neolithikum den Schluss zu, dass in den Hochlagen des Harzes Viehzucht und Weidewirtschaft betrieben wurde. Weiterhin kann, aufgrund zahlreicher Funde, davon ausgegangen werden, dass gezielt in den Harzer Höhenlagen nach seltenen, für Werkzeuge geeigneten, Mineralvorkommen gesucht wurde.

Durch die archäologischen Erkenntnisse von Düna begann sich plötzlich der Schleier der Montangeschichte im Harz zu öffnen. Den Wissenschaftlern wurde klar, diese Erkenntnisse würden auch die Geschichte des Harzes grundlegend revolutionieren. Ab dem Jahr 1985 widmete sich das Niedersächsische Landesamt für Denkmalpflege der Erforschung der Montanrelikte im Harz intensiver. Gefördert durch die Volkswagen-Stiftung wurde dann im Jahr 1992 eine Forschungsstelle für Montanarchäologie in Goslar gegründet. In der dortigen Forschungsstelle Montanarchäologie am Rammelsberg leitete der Archäologe Dr. Lothar Klappauf über drei Jahrzehnte dieses interdisziplinäre Forschungsteam, dass ein gemeinsames Ziel hatte: die frühe Montangeschichte des Harzes zu untersuchen. Viele neue, ja bahnbrechende Erkenntnisse wurden so in den letzten drei Jahrzehnten gewonnen, die die Vorgeschichte des Harzes in ein ganz neues Licht rücken.

Dabei wurde ein besonderes Augenmerk auf die Spuren des „Alten Mannes" gelegt. Darunter versteht man im Montanwesen allgemein verlassene, verfallene Gruben und ausgeerzte Gangbereiche. Im Harz jedoch werden als „Alter Mann" insbesondere die Spuren des um das Jahr 1349 erloschenen alten Bergbaus zusammengefasst. Aus diesen für den Laien völlig unspektakulären Spuren lassen sich für die Montanarchäologie wichtige Zusammenhänge erschließen. Erzlagerstätten gab es im gesamten Harzgebiet unzählige, doch schon zu Zeiten des „Alten Mannes" war eine gewisse verkehrstechnische Erschließung des Abbaugebietes erforderlich. Das gewonnene Erz musste ausgeschmolzen werden und dazu waren viel Holz und Holzkohle erforderlich. Meist brachte man das Erz zur Energie, wo sich dann auch die Schmelzplätze befanden. Und das waren nicht wenige: Nach derzeitigen Erkenntnissen geht man allein im niedersächsischen Oberharz von über achthundert Verhüttungsplätzen aus, was hochgerechnet auf den gesamten Harz etwa 2.500 ergeben dürfte. Moderne Analyseverfahren gestatten es heute zudem, die Herkunft der Stammerze und deren Verbreitung exakt zu bestimmen.

Es war bis vor dieser neuen Erkenntnisgewinnung die geltende Lehrmeinung, dass zwar Eisen schon bis etwa 500 v. Chr. in der Harzregion gewonnen wurde, Nichteisenmetalle jedoch erst seit dem Ende des 1. Jahrtausends abgebaut wurde. Die zuvor gefundenen Bunt- und Edelmetalle sprach man den Handelsaktivitäten zu.

Heute müssen wir uns nicht mehr auf Vermutungen und Theorien stützen, denn es gibt unumstößliche Beweise für die vorgeschichtliche Buntmetallgewinnung im Gebirge. Zwar hatten es die bronzezeitlichen und eisenzeitlichen Menschen noch nicht nötig mit ihren einfachen Werkzeugen Erzlagerstätten unter Tage abzubauen, denn es gab wohl genügend oberflächennahes gediegenes Metall, das ja zuvor niemanden interessiert hatte. Diese chemisch reinen Metalle konnten von den bronzezeitlichen Bergmännern an Hand ihrer Farbe erkannt und somit gezielt gesucht werden.

Geologische Übersichtskarte des Harzes

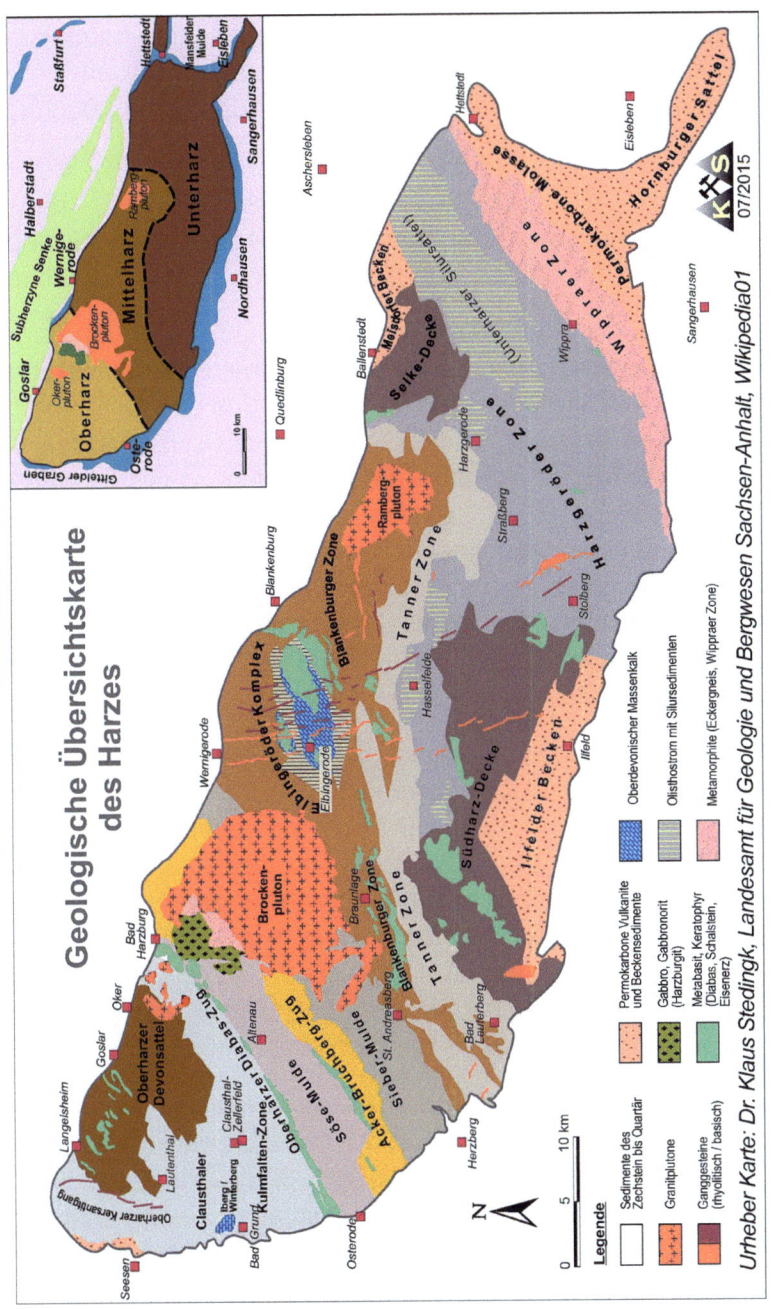

Legende

Sedimente des Zechstein bis Quartär

Granitplutone

Ganggesteine (rhyolitisch / basisch)

Permokarbone Vulkanite und Beckensedimente

Gabbro, Gabbronorit (Harzburgit)

Metabasit, Keratophyr (Diabas, Schalstein, Eisenerz)

Oberdevonischer Massenkalk

Olisthostrom mit Silursedimenten

Metamorphite (Eckergneis, Wippraer Zone)

0 5 10 km

Urheber Karte: Dr. Klaus Stedingk, Landesamt für Geologie und Bergwesen Sachsen-Anhalt, Wikipedia01

07/2015

Mit der modernen Radiokarbondatierung konnte erstmals ein Harzer Kupferschmelzplatz lokalisiert und datiert werden: Es war der Spitzberg bei Bad Harzburg, der auf die Zeit um 1.000 v. Chr. zurückgeht.

Auch die Annahme, dass der Harz während der Bronze- und Eisenzeit von den großräumigen europäischen Handelswegen weitgehend abgeschnitten war, lässt sich nun nicht länger halten.

Insbesondere die Südharzer Region der Pipinsburg, von der wir so wenig geschichtliche Quellen haben, scheint eine bedeutende Rolle in dieser Zeit gespielt zu haben, wie uns das umfangreiche Fundspektrum aufzeigt. Zudem konnten inzwischen einige vermutete Handelswege aus jener Zeit als solche verifiziert werden. So der „Fastweg", ein Höhenweg, der über Pöhlde in Richtung Katlenburg führt und der gesäumt ist von Grabanlagen aus jener Zeit. Neue archäologisch/metallurgische Untersuchungen liefern nun den endgültigen Nachweis, dass bereits um 1.000 v. Chr., also in der Bronzezeit, die Harzer Buntmetalllagerstätten ebenso genutzt wurden, wie die viel bekannteren alpinen Lagerstätten.

Trotz dieser neuen, das Geschichtsbild des Harzes verändernden Erkenntnisse, stellen sich neue Fragen zum Bergbau. Die vorgeschichtlichen Menschen wurden nicht von göttlichen Eingebungen geleitet, nach Erzen zu suchen und diese zu verhütten. Jedoch war der Naturgötterglaube wohl eine der Antriebsfedern. Schon vor 60.000 Jahren wurde in Ungarn am Plattensee in Gruben Rot-Ocker abgebaut. Anfangs diente dieser auf Eisenoxid basierender Farbstoff für Bestattungs-, Jagd- und Kultrituale, denn dieses Rot signalisierte Blut und somit Leben.

Wie bereits erwähnt werden die ältesten bekannten Metallfunde auf ein Alter von etwa 12.000 Jahren datiert. Es waren elementar vorkommende, gediegene Metalle wie Gold, Silber und Kupfer, die man fand, bearbeitete und dabei einfache Technologien entwickelte. Da die Menschen schnell den Nutzen von Metallen erkannten und zudem deren soziale Wirkungen, erhielten diese einen ständig steigenden Wert zugeschrieben. Natürlich veranlasste dieser Umstand die Menschen dazu, gezielt nach diesen Metallen zu suchen und Technologien für deren Verarbeitung zu entwickeln. Die Menschen, die über die notwendigen Technologien zur Metallverarbeitung verfügten, waren angesehen und kamen schnell zu Wohlstand – kein Wunder also, dass ein diesbezüglicher Wettlauf einsetzte. So entstand vielleicht das erste Besitzstreben in der menschlichen Geschichte, denn die Menschen waren noch nicht sesshaft und hatten daher noch keinen Landbesitz und trugen nur das Notwendigste mit sich.

Metalle waren nützlich, wertvoll und sie konnten nicht wie Lebensmittel verderben oder wie Tiere und Gefangene sterben. Zudem waren sie einfach zu transportieren und auch zu verwahren – Metalle begannen das menschliche Leben zu revolutionieren. Demzufolge kann angenommen werden, dass seit der Jungsteinzeit überall in Eurasien „Fachleute" unterwegs waren, die nach diesen begehrten Metallen suchten. Es ist daher unlogisch, anzunehmen, dass ausgerechnet der Harz von dieser frühen Suche ausgenommen blieb. Dass der Harz reich an diesen Metallen war, hatte sich sicherlich in „Fachkreisen" herumgesprochen.

Vielleicht ist diese Theorie auch eine Erklärung für die Ansiedlung der verschiedenen Völker in der Harzregion – einem Schmelztiegel gleichend –, die aus allen Himmelsrichtungen kamen, sich niederließen oder wieder weiterzogen, und immer neues Wissen brachten.

Bis vor wenigen Jahren wurde auch die Anwesenheit der Römer in der Harzregion von der Wissenschaft radikal abgelehnt, obwohl es zahlreiche Sagen und Legenden darüber gibt. Spätestens nach den römischen Funden bei Hedemünden sowie am Harzhorn, hat sich diese Meinung geändert. Doch was bewog die Römer dazu, das wilde Germanien östlich von Rhein und Weser unbedingt in das Römische Reich integrieren zu wollen? Waren es vielleicht die Bodenschätze der Harzregion?

Zu allen Zeiten – bis heute – werden Eroberungskriege um Rohstoffressourcen geführt. Es kann daher davon ausgegangen werden, dass dieser Aspekt auch für die Franken bei der Eroberung des Thüringerreichs, und später für die Unterwerfung der Sachsen, eine Rolle gespielt hat. Nachdem auch die Ostfranken, wie zuvor auch die Römer, die weltgeschichtliche Bühne verlassen hatten, traten an deren Stelle die Sachsen. Mit den sächsischen Königen und Kaisern – den Luidolfingern – begann dann die erste Phase des Bergbaus, die wir historisch fassen können. Die Städte Goslar, Quedlinburg, Gernrode und Aschersleben entstanden, ebenso die Königspfalzen rund um den Harz. Die Nordharzregion war über einhundert Jahre das Zentrum des Oströmischen Reiches, später des Heiligen Römischen Reiches Deutscher Nation (HRR), und spielte weitere zweihundert Jahre eine bedeutende Rolle im Deutschen Kaiserreich.

Die Bergwerke und Hütten des Harzes waren im Hochmittelalter Eigentum des Königtums und sie begründeten die Macht und den Reichtum des Königshauses. Dann aber brachten, um das Jahr 1350, schwere Pestepidemien den Harzer Bergbau für fast einhundert Jahre fast vollständig zum Erliegen.

König Heinrich I. und seine Nachfahren, die Ottonischen Kaiser, hatten ihr Machtzentrum in die Harzregion verlegt. Die Gründe hierfür sind nicht belegt, jedoch sie sind durchaus erklärbar.

Wir wissen sehr wenig über die Zeit zwischen der Unterwerfung der Sachsen durch die Franken im Jahr 804 und der Erlangung der Königswürde durch Heinrich I. im Jahr 919. Historisch überliefert ist, dass Heinrichs Familie ihren Sitz bei Gandersheim hatte. Warum jedoch die Nordharzregion um Quedlinburg plötzlich zum Nabel des Ostfränkischen Königreichs wurde ist spekulativ. Dass Heinrich einen Hof bei Quedlinburg besaß, kann dafür wohl nicht als Erklärung herangezogen werden. Auch dass die Harz-region in alle Himmelsrichtungen gut verbunden war, denn Karl der Große hatte gleich nach seinem Sieg über die Sachsen be-gonnen entlang des Harzes ein Netz befestigter Straßen zu er-richten, kann wohl als Grund nicht geltend gemacht werden.

König Heinrich I. hatte jedoch eine große Bürde übernommen. Bereits seit 899 fielen die Ungarn (Magyaren) in das Ostfränki-sche Reich ein. Zunächst waren die südlichen Landesteile die Einfallstore dieser Reitervölker. Nachdem die Königswürde auf Heinrich übergegangen war, verlagerten die Ungarn ihre Einfälle nach Thüringen und Sachsen. Dafür musste es Gründe geben!

Auch das Jahr vor Heinrichs Krönung zum König im Jahr 919, war begleitet von einem größeren Einfall der Magyaren. Als Hein-rich 926 bei Werla an der Oker einen wichtigen Fürsten der Mag-yaren gefangen nehmen konnte, handelte er einen zehnjährigen Waffenstillstand für Sachsen und Thüringen aus. Diese Zeit nut-zend erließ er noch im selben Jahr seine Burgenbauordnung, um Abwehrmaßnahmen gegen die einfallenden Ungarn zu treffen.

Der Bau seiner zahlreichen Wehrbauten sowie die Ausbildung und Ausrüstung der Truppen kostete viel Geld. Zudem stellt sich die Frage, warum die Magyaren ausgerechnet die sächsischen und thüringischen Länder angriffen, wo der König viel „Eigengut" besaß und daher dort besondere Gegenwehr leistete.

Als Erklärung bleibt eigentlich nur: Die Harzregion war besonders reich, was wohl auf die Rohstoffe sowie die Erze, deren Verhüt-tung und Verarbeitung hindeutet.

Jedoch ist uns über den Bergbau in der Zeit der ottonischen Kai-ser sehr wenig überliefert. Als einzige Quellen berichten uns Bi-schof Thietmar von Merseburg (975 - 1018) sowie der Mönch Sigebert von Gembloux (1030 - 1112) in ihren Chroniken dar-über.

Abgeleitet aus diesen Quellen entstand dann wohl auch die Sage, auf der jahrhundertelang der Ursprung des Harzer Bergbaus fußte. Ich habe diese Sage in meinem Buch „Sagen, Mythen und Legenden der Harzregion" folgendermaßen niedergeschrieben:

Die Sage vom Ritter Ramm

Kaiser Otto I. weilte gern auf der Harzburg. Als er ihr wieder mal einen Besuch abstattete, hatten er und sein Hofstaat Appetit auf einen Wildbraten. So sandte er seinen Ritter Ramm aus, Wildbrett zu jagen. Es war Winterzeit, der Schnee im Gebirge lag hoch, da erblickte Ritter Ramm eine Wildspur, welcher er mit seinem Pferd nachritt. Er kam an einen hohen Berg, der mit dichtem Urwald bedeckt war. Bald wurde seinem Pferd der Berg zu steil, da stieg Ramm ab vom Ross, band es an einen Baum und eilte dem Wild zu Fuß nach.

Das Pferd aber war sehr unruhig und scharrte mit den Vorderhufen im Schnee. Als nun Ritter Ramm, beladen mit dem erlegten Wild, von der Jagd zurückkehrte, sah er, wie sein Pferd den Boden aufgescharrt hatte. Als er genauer hinschaute, bemerkte er, wie dadurch eine ergiebige Silberader bloßgelegt worden war. Schnell nahm er einige Silberbrocken, steckte sie in seine Satteltasche, um sie dem Kaiser zu überbringen.

Kaiser Otto war hocherfreut, solchen Reichtum in den Harzer Bergen hatte er nicht erwartet. Zum Dank beschenkte er seinen Ritter mit einer prunkvollen goldenen Kette, die tausend Denarien wert war. Dann ließ er erfahrene Bergleute aus dem Frankenland nach Goslar kommen. Die legten Schächte an und begannen den Bergbau im Harz einzurichten.
Diese Kunde war schnell verbreitet und immer mehr Bergleute, aus nah und fern, kamen nach Goslar.

In kurzer Zeit wurde aus dem kleinen Ort eine Stadt. Und um für alle Zeiten das Andenken an den Entdecker Ritter Ramm zu wahren und ihn zu ehren, gab der Kaiser diesem hohen Berg den Namen „Rammelsberg".

Die Ottonen waren Kraft des Bodenregals auch die Herren über alle Schätze, die im Boden lagen. Zuvor, bei den altgermanischen Sachsen, gab es diesen Eigentumsvorbehalt nicht, die Bodenschätze waren herrenlos bzw. sie gehörten somit denen, die sie fanden.

Sicherlich wurde der Bergbau im Harz in den folgenden Jahrzehnten forciert und entwickelte sich weiter. Leider jedoch gibt es darüber fast keine historischen Hinweise, was wohl auch damit in Zusammenhang steht, dass die allgemeine Quellenlage sehr dürftig ist.

In den folgenden Jahrhunderten entwickelten sich dann im Harz verschiedene Grundherrschaften, die zunehmend auch das Verfügungsrecht über die Schätze im Schoß der Erde erhielten: die Welfenfürsten, die Stolberg-Wernigeröder Grafen, die Regensteiner Grafen, die Anhalter Fürsten, die Mansfelder Grafen und einige mehr.

Zu diesen weltlichen Herrschaften kamen noch einige kirchliche hinzu, so auch das Stift in Gernrode und das Quedlinburger Stift. Das Gernröder St. Cyriakus-Stift reicht bis in die Zeit Ottos des Großen zurück und wurde von Markgraf Gero gegründet und mit reichem Grundbesitz ausgestattet.

Dieses weltliche Damenstift, das direkt dem König und dem Papst unterstellt war, wurde später von den Anhalter Fürsten als Schutzvögte verwaltet.

Leider haben wir in Sachsen-Anhalt – im Anhaltischen Harz – keine vergleichbare montanarchäologische Forschungsanstalt aufzuweisen, wie Niedersachsen. Somit muss ich mich in meinen nachfolgenden Ausführungen bezüglich des Montanwesens ausschließlich auf historiografisches und historisches Wissen beziehen.

Wann in der Umgebung von Gernrode mit dem Bergbau begonnen wurde, konnte bis heute noch nicht nachgewiesen werden, es soll jedoch recht früh gewesen sein. Nach Rivanders Thüringischer Chronik aus dem Jahr 1581 soll der „Güldene Bär" von 1037 bis 1204 in Betrieb gewesen sein. Geologen und Bergbauexperten bezweifeln diesen langen Zeitraum auf Grund der geringen möglichen Erzvorkommen in geringen Teufen jedoch. Gmelin bezieht sich in seiner „Geschichte des teutschen Bergbaus", aus dem Jahr 1783, auf eine handgeschriebene Quedlinburger Chronik, wonach Ende des 11. Jahrhunderts bei Gernrode nach Bleierz gegraben wurde. Ausführlicher über das bergbauliche Geschehen im Umfeld von Gernrode berichte Cyriakus Spangenberg in der Sächsischen Chronika, die aus der zweiten Hälfte des 16. Jahrhunderts stammt. Spangenberg und später auch Johannes Beckmann, C. Knaut und E. Pfennigsdorf berichten, dass Kaiser Lothar von Süpplingenburg um 1234 nach Gernrode gekommen ist, um dem „Bleibergwerke, so dazumal reich daselbst gewesen" besondere Freiheiten zu verleihen.

Jedoch waren beide Chronisten keine Zeitzeugen, sie lebten Jahrhunderte später und müssen ihr Wissen demnach aus Quellen erhalten haben, die uns heute nicht mehr bekannt sind.

Im südlichen Umfeld von Gernrode existierte – wohl ab dem 12./13. Jahrhundert mitten im Wald ein Dorf mit Namen Behem, das zudem wohl zweigeteilt war (auch Bem, Boeme, Bohemus genannt). Es lag südöstlich vom heutigen Neuen Teich, an dem Weg, der von Gernrode durch das Hagental nach der Viktorshöhe führt. In den Forstbezeichnungen Groß und Klein Böhmen sowie Böhmische Wiese lebt dieses Dorf bis heute fort, das im 16. Jahrhundert noch bestanden hat. Es konnte nachgewiesen werden, dass die Dorfbewohner nach Erzen, insbesondere nach Kupfer, geschürft haben. Der Namen Behem lässt zudem auf eine böhmische Herkunft der Bewohner schließen, die vielleicht als Bergbau-Experten ihrer Zeit angesiedelt wurden.

Holzkohlestücke werden mechanisch im Pochwerk zu Kohlepulver zerkleinert, dies wurde mit Lehm und Wasser zu „Gestübbe" verarbeitet, das Gemisch diente zur Auskleidung eines neuen Schmelzofens von innen; Abb. G. Agricola 1556, „De re metallica"

Kunst mit dem krummen Zapfen (um 1617)

A - Pumpen
B - Das Kunstrad
C - Die Sätz
D - Der Schacht

Zeichnung aus Georg E. von Löhneyß „Bericht vom Bergwerck" 1617

Die für 1230 genannten Bleibergwerke bei Gernrode lagen jedoch in einem anderen Gebiet: am Osterberg. Ob die Bewohner von Behem auch für diese Bergbau-Aktivitäten zuständig waren ist nicht nachzuweisen. Es ist jedoch nicht anzunehmen, dass sowohl Prospektionen wie auch bergbauliche Maßnahmen begonnen wurden, ohne Fachleute mit einzubeziehen.

Nach den Aussagen von Spangenberg muss dieses Gernröder Bleibergwerk 1230 schon von längerem Bestand gewesen sein. Wo dieses Bleibergwerk jedoch genau seinen Standort hatte, ist ungeklärt, auf jeden Fall aber am Osterberg. Mit dem Blei, das dort gewonnen worden sein soll, wurden angeblich die Bleidächer der Kirchen in Quedlinburg, Halberstadt, Goslar sowie in anderen Orten in der Umgebung gedeckt.

Da zu jener Zeit aus logistischen Gründen die Erzverarbeitung in unmittelbarer Nähe zum Bergwerk stattfand, ist anzunehmen, dass dieser Standort sicherlich noch irgendwann, nach entsprechenden Untersuchungen, an Hand von Schlackefunden, verortet werden kann.

Neben Blei und Silber sollen zu jener Zeit auch Bergkristalle – eine Varietät des Quarzes – im Umfeld von Gernrode gefördert worden sein.

Wir lassen diese Informationen dahingestellt, denn wir wissen es nicht besser. Die älteste historiographische Quelle vom Bergbau aus dem Gernröder Stift stammt vom 25. Mai 1302. In einer Urkunde gestattet Äbtissin Irmingard II. den Brüdern aus dem Kloster Michaelstein den Abbruch von Schieferstein. Dieser wurde jedoch nicht in der Umgebung von Gernrode gebrochen, sondern am Berg Nonnengrab bei Blankenburg.

Erzbergwerke des Stiftes finden zum ersten Mal am Ende des 15. Jahrhunderts Erwähnung, wie Pastor Hans Hartung berichtet. Sie bildeten in jener Zeit ein Streitobjekt zwischen der damaligen

Äbtissin Scholastika einerseits und den Fürsten Waldemar, Ernst, Rudolf und Georg von Anhalt andererseits. Die Anhaltischen Fürsten beanspruchten die Stiftsbergwerke für sich, da sie die Schutzherrschaft über das Stift und deren Regalien innehatten. Der Streit über die Bergwerke, die wohl ansehnliche Erträge geliefert haben, wurde schließlich durch einen Vergleich beigelegt: Der Zehnt aller Bergwerke des Stifts wurde demnach unter dem Stift und den Anhalter Fürsten geteilt.

Über das Gebiet Neuer Teich – Viktorshöhe gibt es auch aus dieser Zeit keine Informationen, obwohl es dort mit Sicherheit bergbauliche Aktivitäten gegeben hat, denn die Bewohner von Behmen waren dort schon lange Zeit bergbaulich tätig.

Meine These zu diesem frühen Bergbau ist, dass bereits Markgraf Gero über die reichen Erzvorkommen um Gernrode wusste und dies ein Grund für die Sicherung des Gebietes durch die Burg Geronisroth war. Dass jedes Urkundenmaterial bezüglich der Gernröder Bergbauaktivitäten aus den Anfangszeiten fehlt, ist wohl auch dem Archivraub aus dem Stift im Jahre 1323 zuzuschreiben, als bei umfangreichen Befestigungsarbeiten zudem der Stiftsschatz und die Reliquien geraubt wurden.

Dieser Raub von Archivalien ist in der Geschichte kein Einzelfall. Es stellt sich jedoch die Frage, wem der Raub alter Schriften und Urkunden einen Vorteil bringen konnte? Eigentlich konnte solch ein Raub nur adligen Grundherren einen Nutzen bringen, indem anderswertige Besitzansprüche verschleiert werden konnten.

Es sind der Osterberg und der Ostergrund, die in jener Zeit Erwähnung finden und die wohl eine reiche Ausbeute an Metallen und Mineralien geliefert haben müssen. Nachweislich wurden Silber, Blei, Kupfer und Zinn gefördert bzw. gewonnen.

Ein Erzbergwerk bei Gernrode wurde urkundlich erstmals im Jahr 1503 erwähnt, als vom Osterteich aus ein 800 bis 1.000 m langer

Stollen in Richtung Osterberg und Hungerberg vorgetrieben worden war. Um 1560 wird die Grube „Gottesgabe" als wichtigstes Bergwerk genannt.

So schrieb noch ein namentlich unbekannter Fachmann am Ende des 17. Jahrhunderts: „Es sei fast kein Bergwerk zu finden, welches in so kurzer Zeit dermaßen edel sich aufgetan hätte und avancieret wäre. Alle zum Bergwerk nötigen Requisita (Erfordernisse) habe die Natur in diesen und den herumliegenden Gegenden vereinigt, und absonderlich werde man nicht leicht ein Gebirge sehen, welches – unseren Harzbergen – in der Bequemlichkeit in tiefe Stellen einzudringen oder ohne übergroße Kosten Teiche zu schlagen, es zuvor tun sollte."

Der große Harzer Theologe und Bergbaufachmann Henning Calvör erwähnte jedoch in seinen umfangreichen Werken den Gernröder Bergbau mit keiner Silbe. Eine Erklärung dafür wäre, dass in der Zeit seines Schaffens die Gernröder Bergwerke stilllagen.

Es hat den Anschein, dass der Gernröder Bergbau bereits vor Beginn des Dreißigjährigen Krieges vollständig erloschen war.

Nach dem Krieg waren die meisten Menschen bettelarm. Es gab jedoch auch Menschen, die von dem Krieg profitiert hatten und durch ihn reich geworden waren: Dieses Geld galt es anzulegen. Vornehmlich beteiligten sich wohlhabende Kaufleute aus den Hansestädten sowie aus den damaligen Residenzstädten am Bergbau. Im Anhaltischen Harz hingegen waren die anhaltischen Landesherren an den Bergbauaktivitäten beteiligt.

Für die Folgezeit bleiben die Nachrichten über den Gernröder Bergbau weitgehend aus. Jedoch gibt es ein Zeitdokument, das uns weitere Informationen gibt.

Es ist das Buch „Großartiger Betrug in den anhaltischen Metallbergwerken" aus dem Jahre 1701, das aus jener Zeit berichtet.

STELLIONATUS
circa Anhaltinas Metalli-Fodinas
FAMOSISSIMUS ,
durch

Ausführliche Relation,

Von vielen / bey denen

Hoch-Fürstlich-Anhaltischen/
Zu Martzgerode / Berenrode / und Wüntersberge
belegenen/

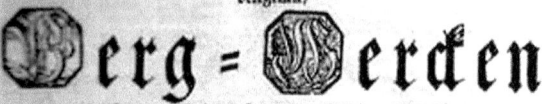

Berg = Wercken

ausgeübten erschrecklichen Betrüglichkeiten:

Worinnen umständlich erzehlet wird / welcher gestalt dieselbe /
nachdem Sie etliche hundert Jahre stille gelegen / Anno 1691. wieder aufgenommen / dem Himmel reichlich gesegnet befunden / und mit grossen Kosten/
auch guter Berg-Männischer Hoffnung; von Gewercken-Geldern biß Anno 1698. gebauet;
Nachmahls aber / wegen grosser in der Administration, und darüber geführ-
ten Rechnungen/ verübten Betrügerey und Untreue/

Zu grossem Schaden
des Durchl. Hochfl. Hauses zu Anhalt/
und

Aller dabey Interessirenden Gewercken/
Wiederum ins Stecken gebracht/und durch gewissenlose höchststraffbare Practiquen
nicht nur

mit einer grossen
Dreymahl Hundert Tausend Reichs-Thaler
übersteigenden

Schulden = Last/
sondern auch

Mit verschiedenen andern gantz unerträglichen Oneribus wiederrechtlich
beschweret worden:

Entdecket / und der Welt für Augen geleget.

Alles mit wahrhafften merckwürdigen Beylagen
bestätiget / und zum Druck befordert
Von

C. F. F. Z. A.

Joh. Frid. Fürsen, J.U.L. & causæ Patrono.

Hamburg/ Gedruckt mit Reumannischen Schrifften/ 1703.

Titelblatt von 1703
Quelle: Archiv Sternal

20

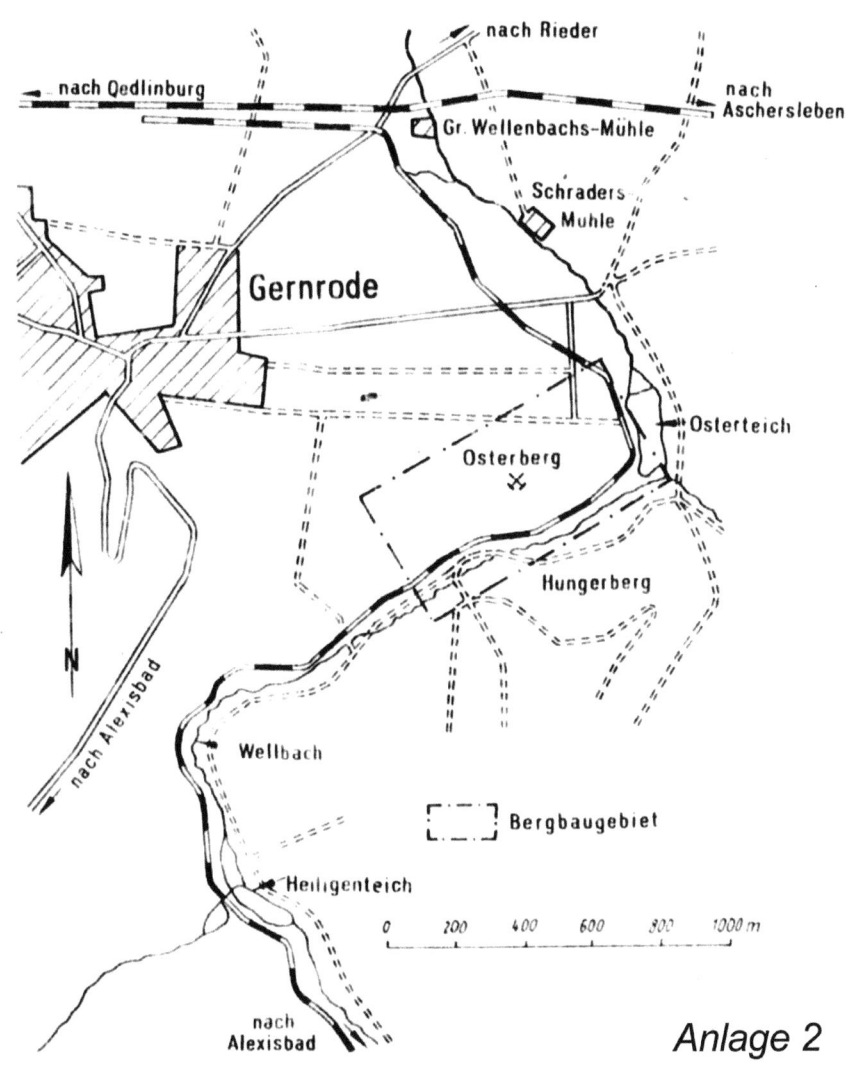

Anlage 2

Gernroder Gangrevier
Lageplan des Bergbaugebietes
nach H.BRÜHL: Ergebnisbericht auf Blei/Zink bei
Gernrode vom 29.11.1958

21

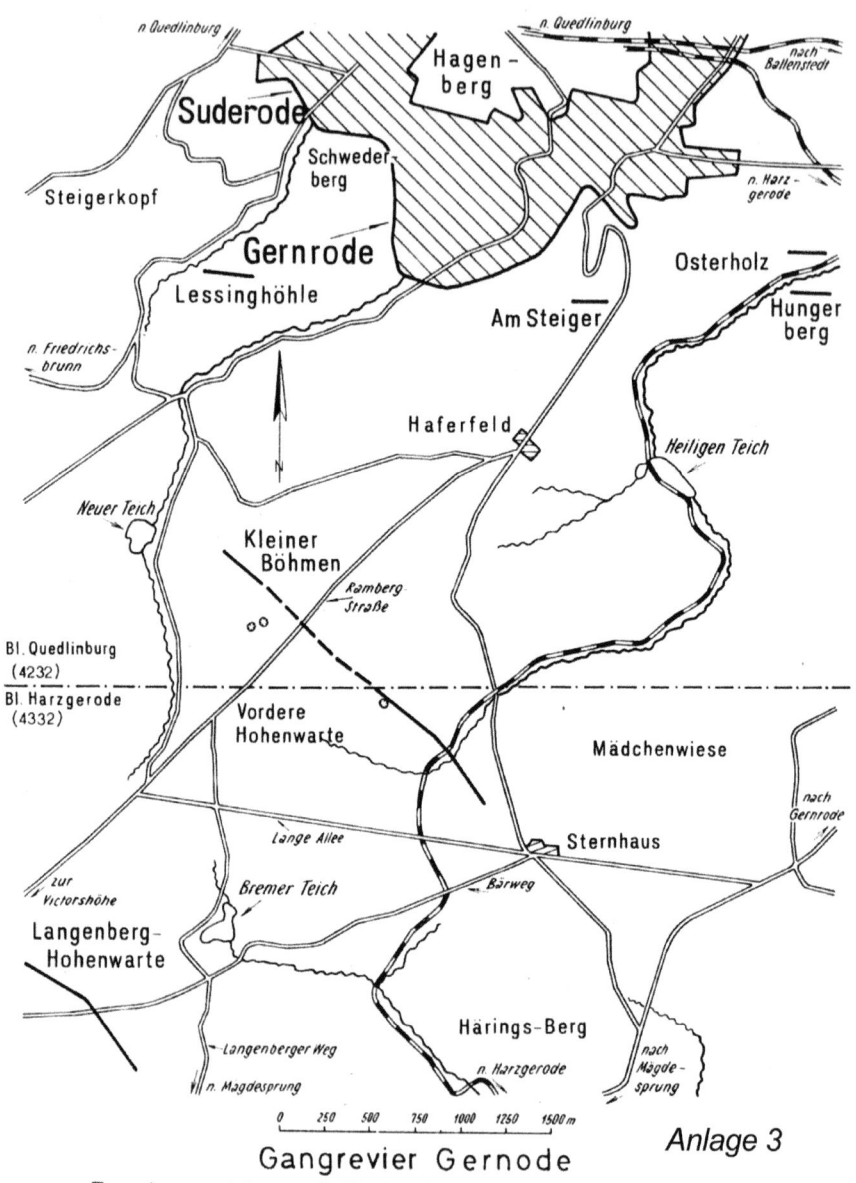

Gangrevier Gernode
Bergbaugebiet südich Gernrode - Suderode
Übertagesituation
Ausschnitt aus Blatt Quedlinburg (4232) u. Blatt Harzgerode (4332)

Anlage 3

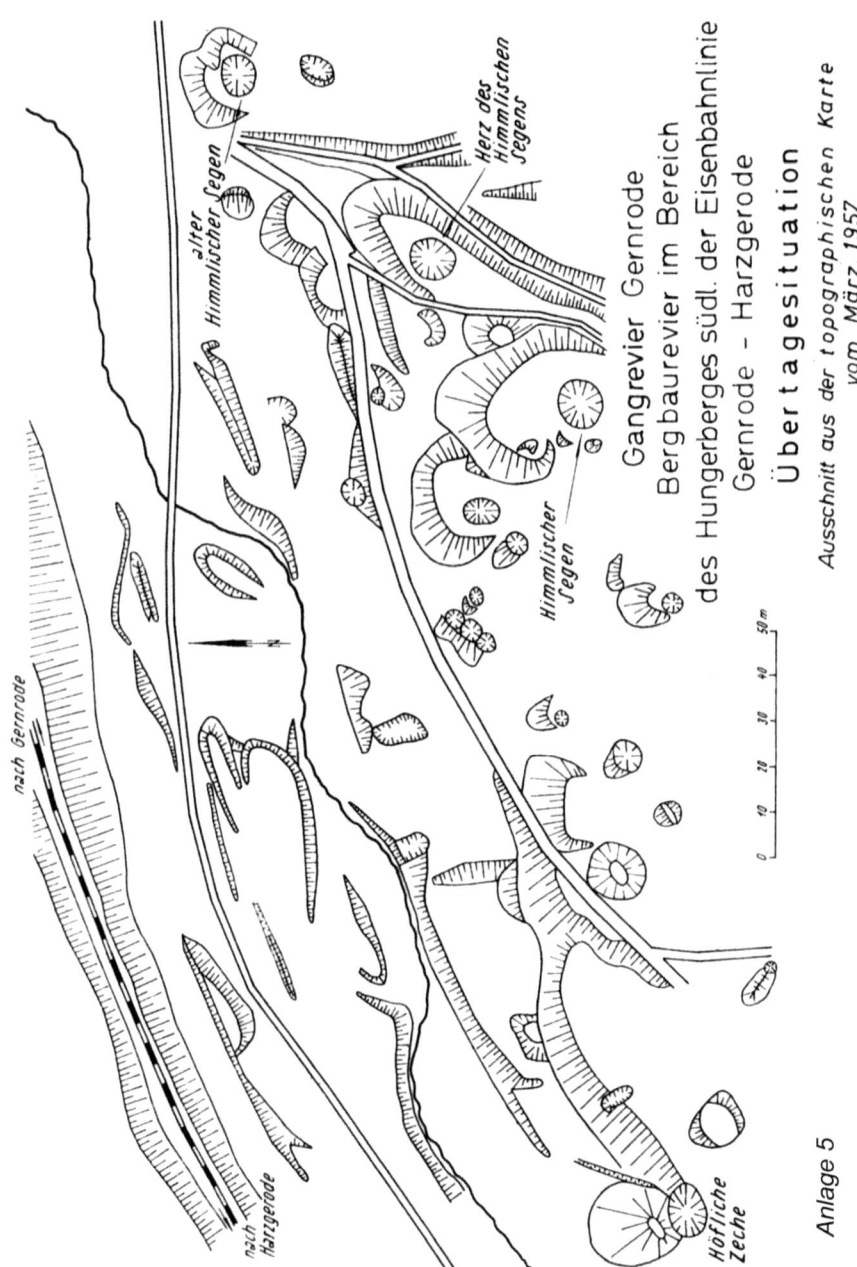

Gangrevier Gernrode
Bergbaurevier im Bereich
des Hungerberges südl. der Eisenbahnlinie
Gernrode – Harzgerode

Übertagesituation

Ausschnitt aus der topographischen Karte
vom März 1957

Herz des
Himmlischen
Segens

alter
Himmlischer Segen

Himmlischer
Segen

nach Gernrode

nach
Harzgerode

Höfliche
Zeche

Anlage 5

23

Anlage 6

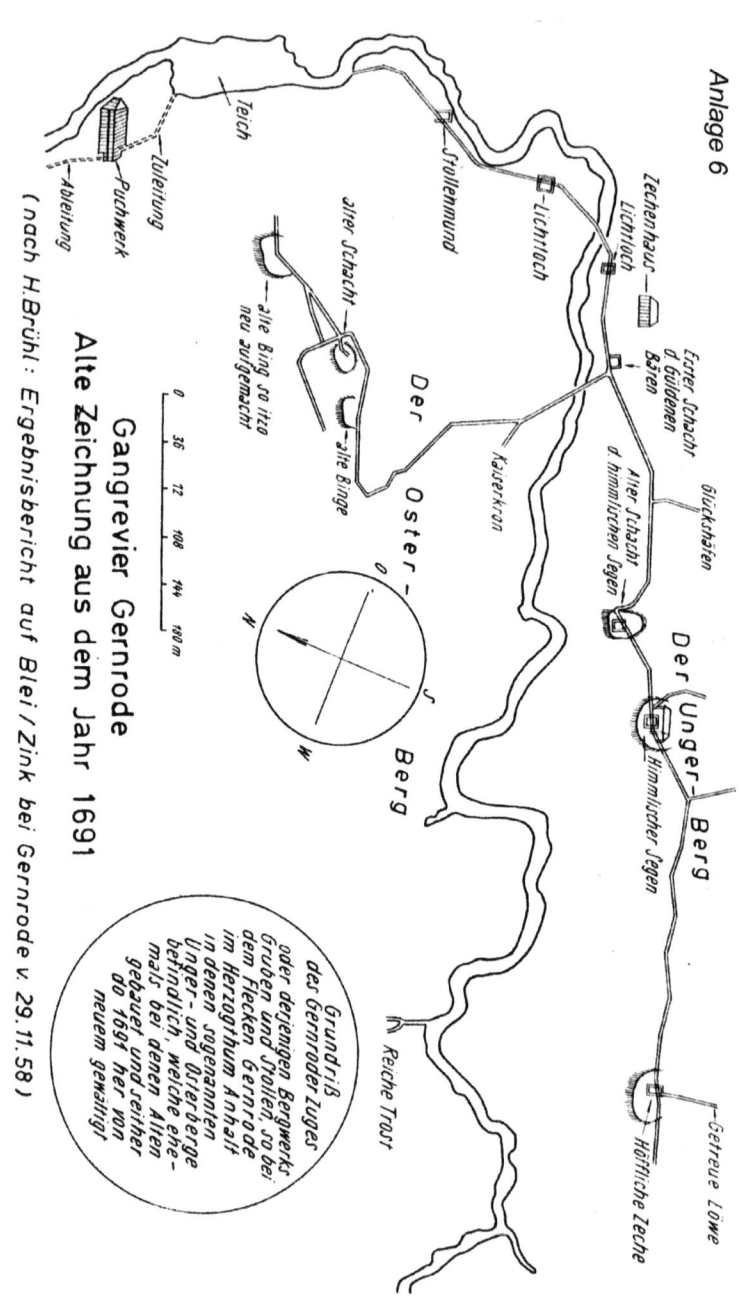

Alte Zeichnung aus dem Jahr 1691
Gangrevier Gernrode

(nach H.Brühl: Ergebnisbericht auf Blei / Zink bei Gernrode v. 29.11.58)

24

Grundriß

von der Lage des Gernroder Bergwerksrevier des Christinen- und
Sieden-Sreuer-Stollens, deren vorwiegende durchstreichende
Gänge so von dem vormaligen gebauten Osterberger Bergwerks
durch dieses Gebirge streichen
(Alte Zeichnung aus dem Jahr 1779)

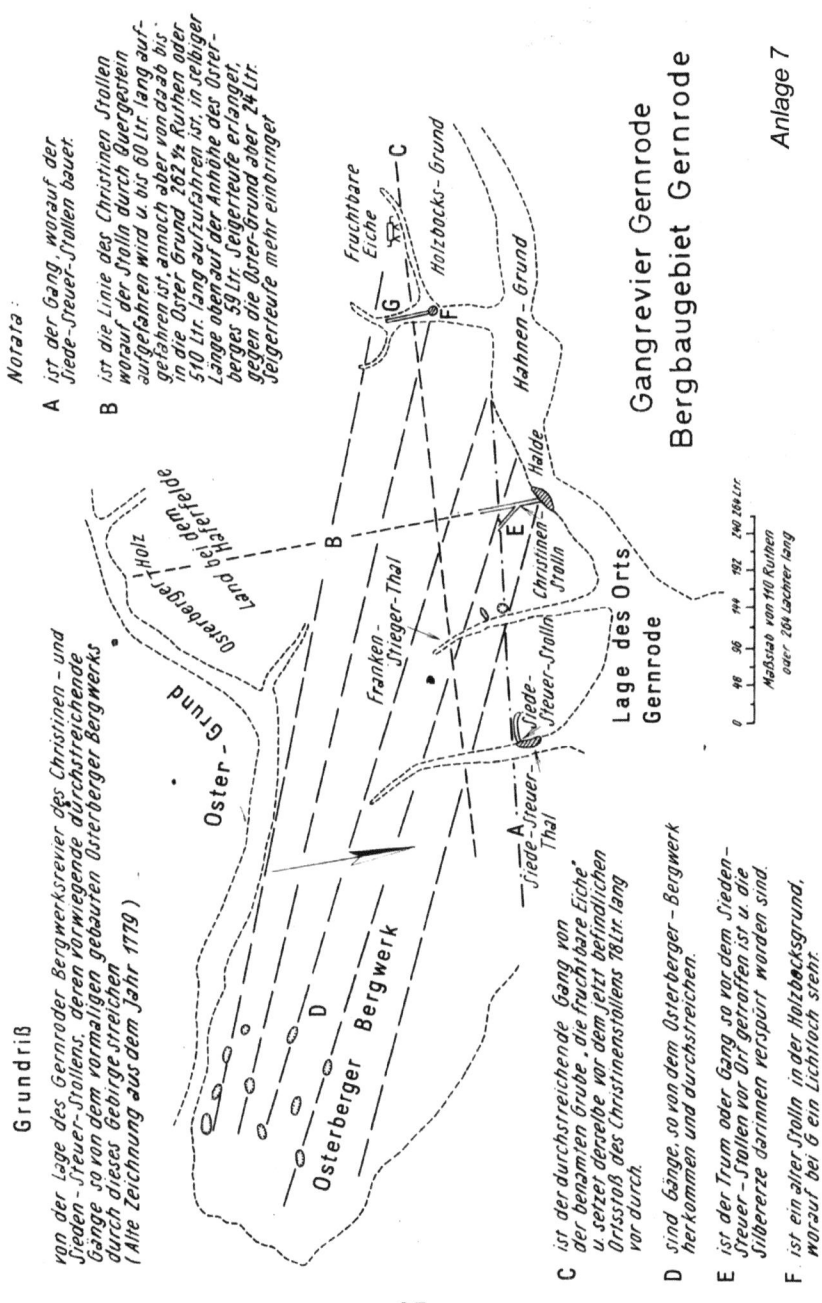

Notata :

A ist der Gang, worauf der
Siede-Sreuer-Stollen bauet.

B ist die Linie des Christinen Stollen
worauf der Stolln durch Quergertein
aufgefahren wird u. bis 60 Ltr. lang aufgefahren ist, annoch aber von 0zab bis
in die Oster Grund 262½ Ruthen oder
510 Ltr. lang aufzufahren ist, in selbiger
Länge oben auf der Anhöhe des Osterberges 59 Ltr. Seigerteufe erlanget,
gegen die Oster-Grund aber 24 Ltr.
Seigerteufe mehr einbringet

C ist der durchstreichende Gang von
der benamten Grube "die fruchtbare Eiche"
u. setzet derselbe vor dem jetzt befindlichen
Ortsstoß des Christinenstollens 78 Ltr. lang
vor durch.

D sind Gänge, so von dem Osterberger-Bergwerk
herkommen und durchstreichen.

E ist der Trum oder Gang, so von dem Sieden-
Steuer-Stollen vor Ort getroffen ist u. die
Silbererze darinnen verspürt worden sind.

F ist ein alter Stolln in der Holzbocksgrund,
worauf bei G ein Lichtloch steht.

Gangrevier Gernrode
Bergbaugebiet Gernrode

Anlage 7

25

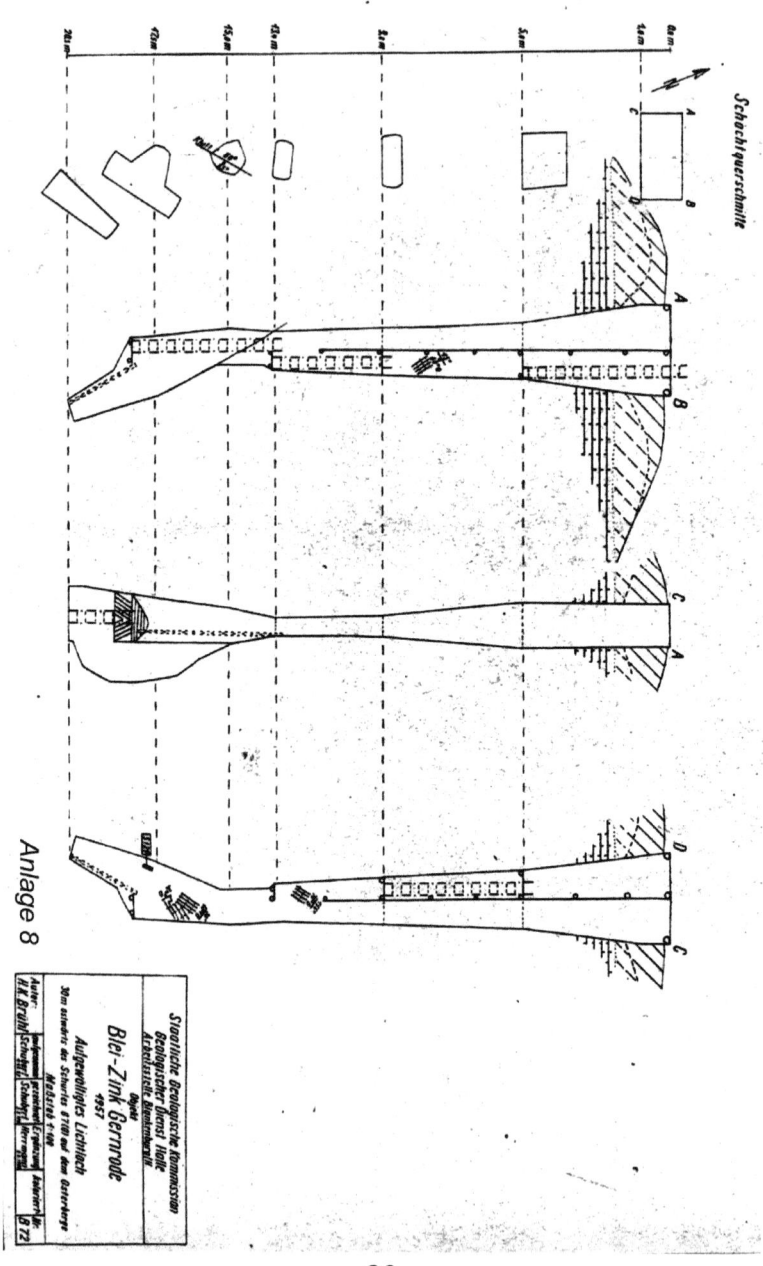

Schachtquerschnitte

Anlage 8

Staatliche Geologische Kommission
Geologischer Dienst / Halle
Arbeitsstelle Blankenburg

Objekt:
Blei-Zink Gernrode
1957

Aufgewältigtes Lichtloch

Maßstab 1:100

26

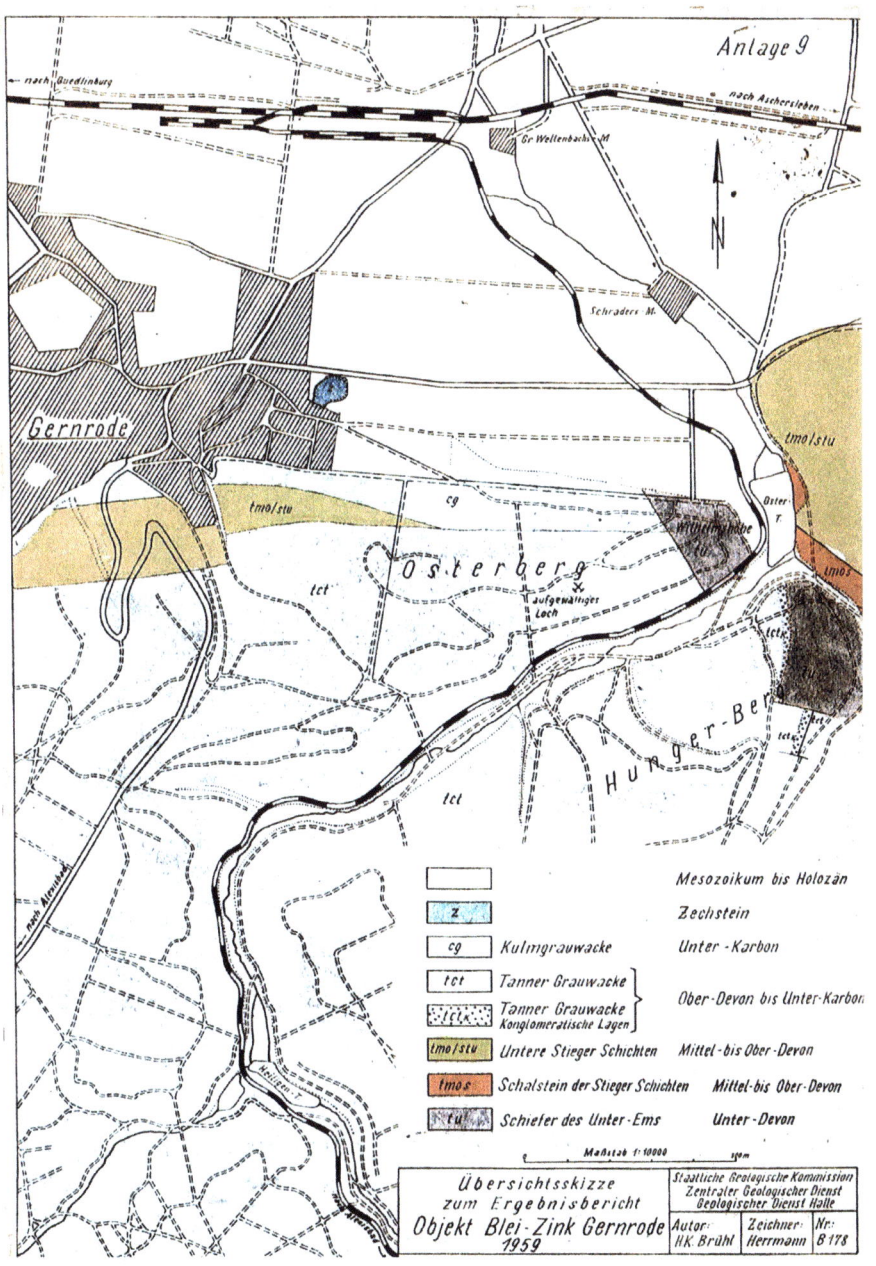

Anlage 9

nach Quedlinburg
nach Aschersleben
Gr Wellenbachs M.
Schraders M.
Gernrode
tmo/stu
tmo/stu
cg
Oster-
T.
Wilhelmsröhe
Osterberg
tmos
tct
aufgewältigter
Loch
tct
Hunger-Ber
tct
tct

		Mesozoikum bis Holozän
z		Zechstein
cg	Kulmgrauwacke	Unter-Karbon
tct	Tanner Grauwacke	Ober-Devon bis Unter-Karbon
tctk	Tanner Grauwacke Konglomeratische Lagen	
tmo/stu	Untere Stieger Schichten	Mittel- bis Ober-Devon
tmos	Schalstein der Stieger Schichten	Mittel- bis Ober-Devon
tu	Schiefer des Unter-Ems	Unter-Devon

Maßstab 1:10000

Übersichtsskizze zum Ergebnisbericht Objekt Blei-Zink Gernrode 1959	Staatliche Geologische Kommission Zentraler Geologischer Dienst Geologischer Dienst Halle	
	Autor: H.K.Brühl	Zeichner: Herrmann	Nr: B178

27

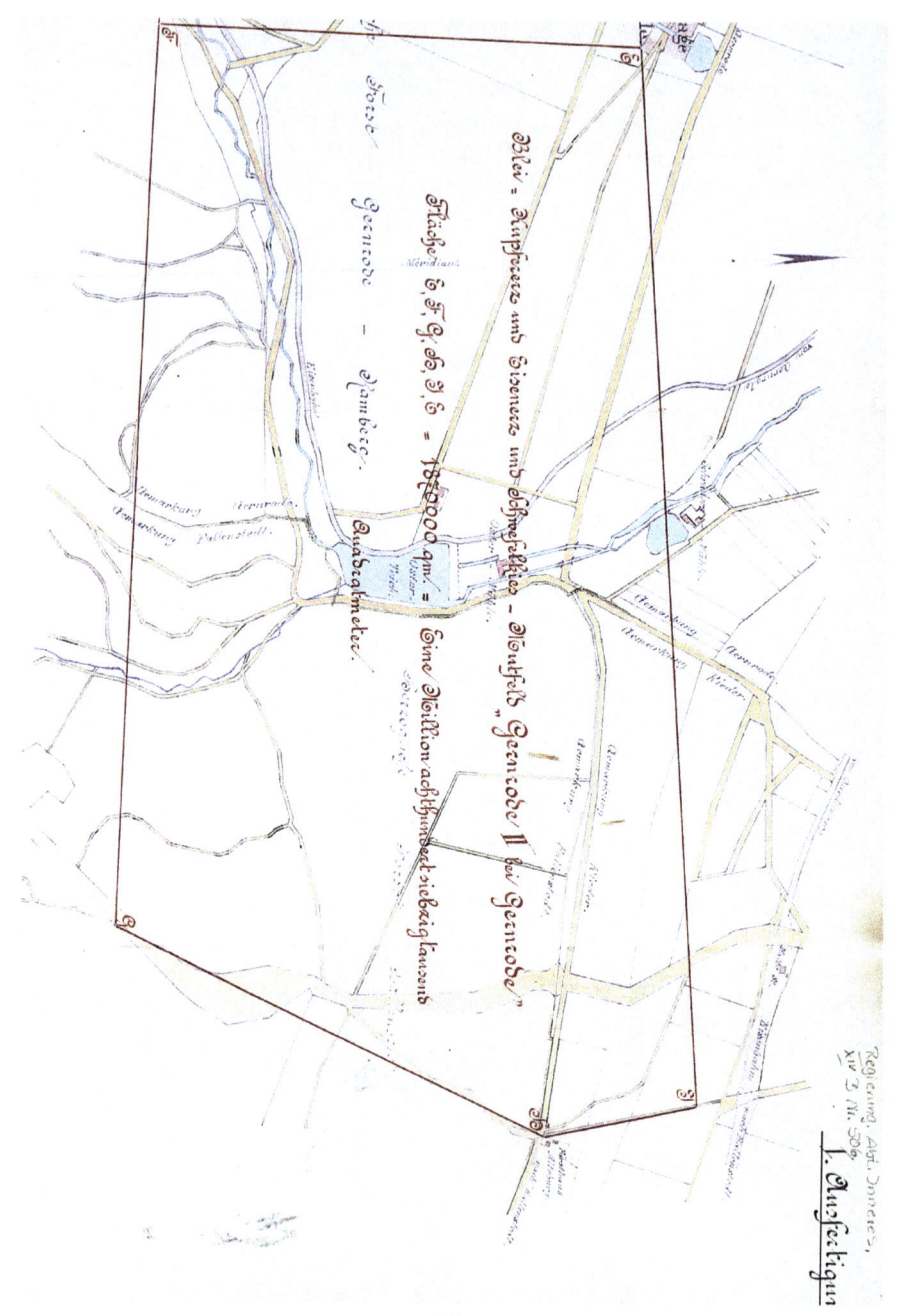

28

Demnach wurden 1690/91 die Bergwerke bei Gernrode wieder in Betrieb genommen. Ein aus Gernrode gebürtiger Mann stand in Berlin bei einem gewissen Jean de Smeth in Diensten. Er berichtete seinem wohlhabenden Herrn von den ehemals ertragreichen Gernröder Stollen, die verfallen dalagen und dass es Zeit sei, diese wieder in Betrieb zu nehmen. Er stellte dabei seinem Herrn reiche Ausbeute in Aussicht. Herr de Smeth beschloss in die Gernröder Bergwerke zu investieren, nahm aber den befreundeten kurfürstlich-brandenburgischen Etats-Rat Josia von Rheden als Partner mit ins Boot. Der kurfürstliche Rat von Rheden erhielt auch vom Fürsten Wilhelm von Anhalt die Konzession für zahlreiche Gruben um Gernrode: Himmlischer Segen, Gernröder Glückshafen, Reicher Trost, Höfliche Zeche, Güldener Bär, Kaysers Krone, Getreuer Löwe und andere.

Bergbau - mittelalterliche Bergknappen beim Bearbeiten von erzhaltigem Gestein, zeitgenössische Darstellung

Aber von Rheden, wie auch sein Partner de Smeth, verstanden nichts vom Bergbau, so dass sie sich einen tüchtigen Fachmann anstellten. Das war ein Herr Daniel Ochlitz, dem die Aufsicht über die Gernröder Bergwerke übertragen wurde. Durch die bereitstehenden finanziellen Mittel hatte Ochlitz schon nach kurzer Zeit Erfolge vorzuweisen. Sehr bald schon dehnte er zudem den Bergbau auf Harzgerode und Güntersberge aus, wozu er eine Gewerkschaft gründete.

Am 21. September 1691 schloss er im Auftrag des Herrn von Rheden mit Fürst Wilhelm zu Anhalt einen Vertrag ab, der im Kern folgendermaßen lautete: Von Rheden und seine Mitgesellschafter, samt ihrer Erben, erhalten das Recht, in den Ämtern Gernrode, Harzgerode und Güntersberge alle verfallenen Zechen wieder aufzunehmen. Weiterhin erhalten sie das Recht, neue Gruben anzulegen und nach Gold, Silber, Kupfer, Blei und Zinn sowie nach anderen Mineralen und Metallen mit Ausnahme von Eisen auf eigene Kosten zu suchen und zu schürfen. Der Eisenabbau und die Eisenverhüttung unterlagen der fürstlichen Eisenhütte in Mägdesprung. Alle Zechen sollten, bis sie entsprechende Ausbeute erbracht hatten, von der Abgabe des Zehnten befreit sein. Erst dann sollten sie den für Bergwerke üblichen Zehnt pünktlich jedes Quartal zahlen. Ferner musste jedes Jahr für die Aufrechterhaltung der Rechte eine bestimmte Summe an den Fürsten gezahlt werden. Außerdem sollten ihm, von jeder Ertrag bringenden Grube, je vier Kuxe (ein Kux der 128te Teil) abgeliefert werden. Weitere zwei Kuxe sollten den Kirchen und Hospitälern in den drei Ämtern zur Verfügung gestellt werden.

Sogar ein neues, eigenes Bergamt wurde gegründet. Bergrat, Steiger, Hüttenmeister usw. wurden zwar vom Fürsten vereidigt, offizieller Dienstherr aber war von Rheden. In jener Zeit wurden wahrscheinlich auch Gruben südlich von Gernrode angelegt: Im Hagental, am Schäferberg, am Herrenberg und am Stubenberg.

Herr von Rheden besaß für alle Bergwerke fast unbegrenzte Machtbefugnisse. Sein Bergrat Ochlitz war ein ausgezeichneter Mann und so waren die Unternehmungen anfangs äußerst erfolgreich. Bis zu 36 Gruben sollen um 1692 in den drei Ämtern befahren worden sein.

Die Erfolge waren aber nicht von langer Dauer. Schuld daran waren nicht mangelnde Erträge, sondern jener Herr von Rheden. Dem schien der Erfolg in den Kopf gestiegen zu sein und er begann in diktatorischer, selbstherrlicher Weise in den Betrieb einzugreifen. Er schikanierte die Beamten, jagte sie davon und als er letztendlich auch Ochlitz entließ, begann das Bergbaukonstrukt wie ein Kartenhaus zusammen zu brechen. Alles lag um 1700 danieder, wie zuvor – um 1690.

Und wieder schweigen die Quellen fast gänzlich. Dennoch wurde der Gernröder Bergbau nicht vollends aufgegeben – ganz im Gegenteil. Nur wurden die einzelnen Gruben von unterschiedlichen Betreibern genutzt – wieder aufgegeben, neu erschlossen, um dann wohl zum Ende des 19. Jahrhunderts endgültig aufgegeben zu werden.

Eine Anzahl von Gruben im Bereich des Osterberges war ab 1694 durchschlägig mit einem neu errichteten Wasserlösungsstollen verbunden. Ab 1700 lag dieser Bergbau dann anscheinend bis etwa 1746 danieder. Dann baute Fürst Victor Friedrich von Anhalt-Bernburg den Heiligen Teich. Dies war Anlass, den Betrieb zahlreicher Gruben wieder aufzunehmen. Da aber nur geringe Erzanbrüche zu finden waren, wurde der Betrieb angeblich bereits 1749 wieder eingestellt. Danach wurden immer wieder Versuche unternommen, den Osterberg-Bergbau erneut aufleben zu lassen. Inwieweit diese erfolgreich waren entzieht sich meiner Kenntnis. Letztmalig wurde 1907 ein Versuch gestartet. Dazu wollte man zuerst zahlreiche verschüttete Lichtschächte freilegen und ließ dazu das Wasser des Osterteiches ab. Als man in etwa 15 m Tiefe den Stollen erreicht hatte, öffnete das Forstamt den südlich gelegenen Heiligen Teich und flutete damit wieder den Osterteich und somit auch den Stollen. Das war das Ende des Bergbaus am Gernröder Osterberg.

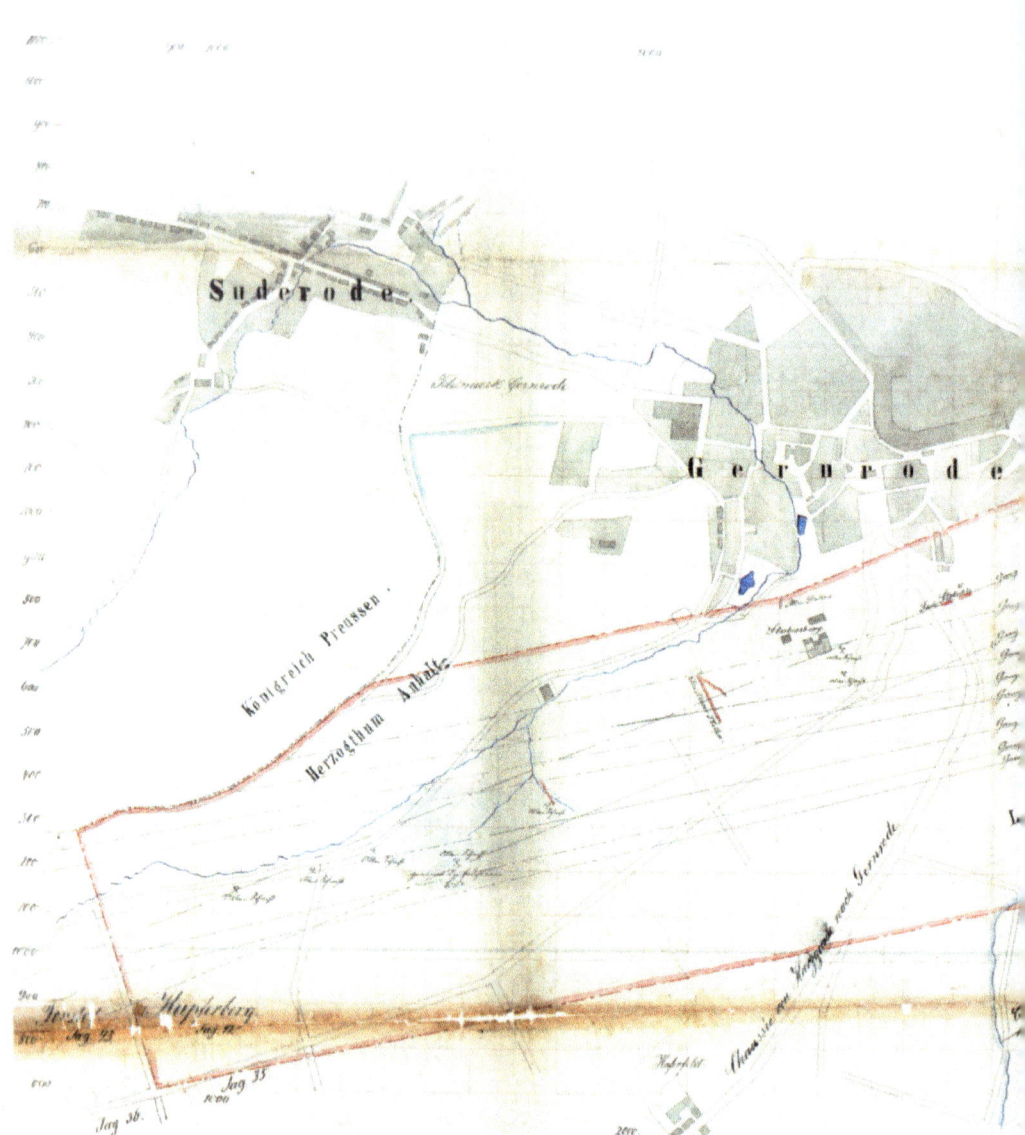

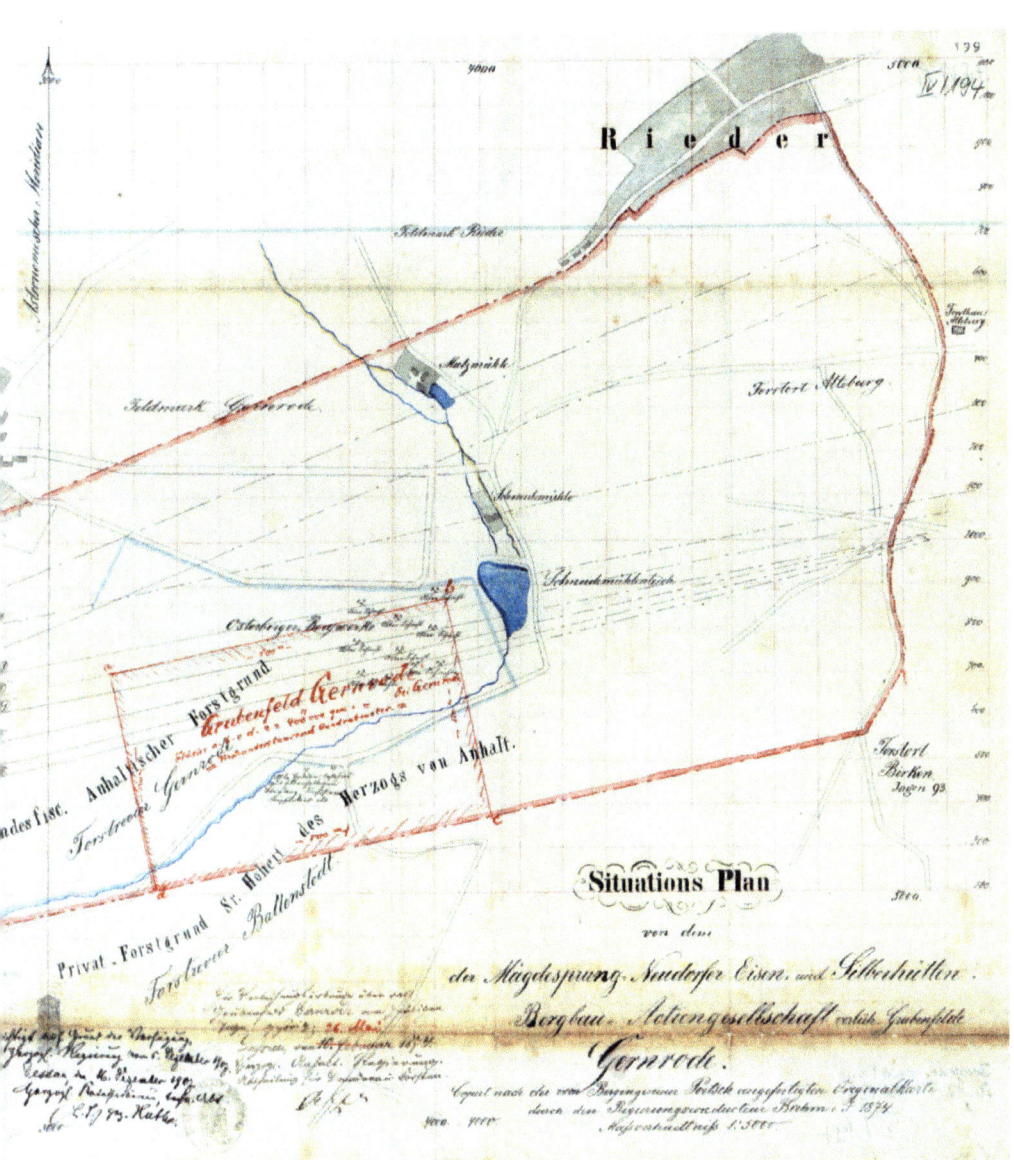

Situations Plan

von dem

der Magdesprung-Neudorfer Eisen- und Silberhütten-

Bergbau-Actiengesellschaft verlieh. Grubenfeld

Gernrode.

Copirt nach die vom Baningenieur Pötsch aufgefertigten Originalkarte
durch den Regierungsconducteur Böhm, J. 1874.

Maßverhältniß 1:5000

33

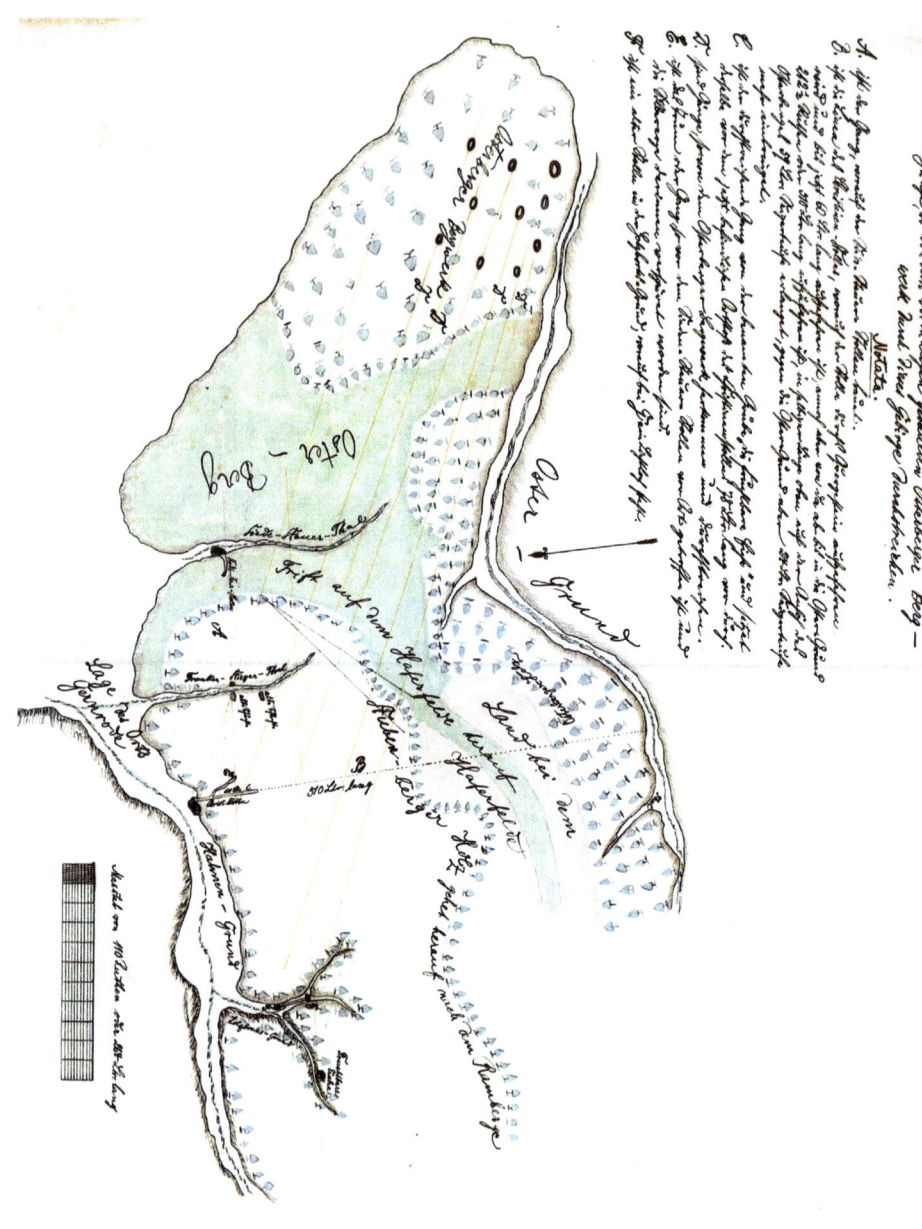

34

Auch in der südwestlichen Umgebung von Gernrode wurden ab dem 17. Jahrhundert zahlreiche Stollen angelegt: einer am Herrenberg, vier am Stubenberg sowie vier im Hagental. Besonders die Stollen im Hagental müssen ergiebig gewesen sein, denn sie wurden über längere Zeiträume betrieben. Der Christiansschacht, wohl hinter dem heutigen Sportplatz im Hagental gelegen, wird wahrscheinlich von Fürst Christian I. oder II. von Anhalt- Bernburg seinen Namen erhalten haben und seine Gründung somit in die erste Hälfte des 17. Jahrhunderts. Endgültig aufgegeben soll er erst Mitte des 19. Jahrhunderts worden sein. Die genaue Lage des Schachtes ist bis heute unklar. Meine Vermutungen gehen jedoch dahin, dass der Stolleneingang am Hang hinter dem ehemaligen Haus „Hagental" (zuletzt als Altenheim genutzt) in den Herrenberg führte. Vermauerte Stolleneingänge in den Berg habe ich noch vor Abriss des Gebäudes und dessen Einebnung persönlich gesehen. Dabei wurden die ersten Meter des vermeintlichen Stollens als Kühllager für das Haus Hagental genutzt.

Auch die Grube „Fruchtbringende Eiche" am Steilen Weg, östlich vom Mensingteich soll etwa so lange betrieben worden sein. Dort, wo heute der vom neuzeitlichen Bergbau verseuchte Mensingteich sein ärmliches Dasein fristet, stand einst eine Pochmühle. Der Teich soll im 17. Jahrhundert als Fisch und Mühlenteich angelegt worden sein. Seinen jetzigen Namen erhielt der Teich nach dem Gaterslebener Müller Friedrich Christian Mensing, der die Wassermühle im Jahr 1857 gekauft hatte. Die Mühle gab ihren Betrieb aber bereits 1872, nach anderen Angaben 1900 auf.

Die Eisenhütte in Mägdesprung war 1708 in Konkurs gegangen. 1710 erwarb Fürst Viktor Amadeus von Anhalt-Bernburg die Konkursmasse und brachte die Verhüttung langsam wieder in Gang.

Besonderes Interesse zeigte dessen Enkel, Fürst Viktor Friedrich, für den Bergbau und das Hüttenwesen, der ab 1721 regierte. Er besuchte oft die Gruben im Harz und war ab 1724 im alleinigen

Besitz der Harzbergwerke – nach ihm wurde die Victor-Friedrich-Silberhütte benannt – und der Silberabbau erlangte Bedeutung.

Bergbauliches Hinweisschild Grube „Fruchtbringende Eiche"

In der Folgezeit lieferten zahlreiche Gruben Eisenerze in die Mägdesprunger Hütten, so dass deren Erzversorgung gesichert war. Auch aus dem Gernröder Revier wurden Erze nach Mägdesprung geliefert: Wie lange diese Eisenerzgewinnung andauerte ist nicht gesichert, jedoch mindestens von 1809 bis 1836.

Insgesamt ist die Dokumentationslage über den alten Gernröder Bergbau recht dürftig. Wohl aus diesem Grund verfügte die Bergbehörde Halle/Saale am 19. August 1969 die Anfertigung einer „bergschadenkundlichen Analyse" vom Grubengebiet Gernrode. Beauftragt mit dieser Analyse wurde der VEB Geologische Forschung und Erkundung, BT Halle, Abt. Markscheiderei, Halle, Karl-Liebknecht-Str. 28.

Bearbeitet wurde diese Dokumentation, die im Juni 1971 fertiggestellt und als vertrauliche Dienstsache eingestuft wurde, von Geologie-Ing. W. Czwoidzinski und Markscheider Dipl.-Ing. R. Geyer.

Im Folgenden möchte ich dieses Dokument im Originaltext wiedergeben:

1. Lage des Grubengebietes

Das Grubengebiet liegt etwa 1 km östlich von Gernrode. Es ist über den zum Diakonissenhaus führenden, befahrbaren Schwesternweg zu erreichen. Von hier aus gelangt man nach etwa 300 m Fußmarsch über einen nach Süden steil aufwärts führenden Waldpfad zu einem Lichtloch, das in der Zeit von 1957/58 aufgewältigt wurde (Ein Lichtloch, auch Lichtschacht genannt, ist ein enger Schacht, der bis auf einen tieferen Grubenbau abgeteuft wird, um die Grubenbaue zu bewettern. A.d.R.). Diese Pinge (eine keil-, graben- oder trichterförmige Vertiefung, die durch Bergbautätigkeiten entstanden ist A.d.R.) ist Gegenstand der bergbaulichen Analyse.

In Anlage 3 sind die südlich von Gernrode verlaufenden Mineralgänge verzeichnet. Das gesamte Gernröder Bergbaugebiet umfasst im Norden das Osterbergrevier und im Süden das Bergbaurevier des Hungerberges. Beide Gebiete sind voneinander durch das von Südwest nach Nordost verlaufende Wellbachtal (Ostergrund) getrennt (Anl.2).

Der Ostergrund stellt im Bereich des Untersuchungsgebietes ein Sohlental mit einer im Durchschnitt 60 m breiten Schotterflur dar, die sich im Auslauf erweitert und dort den Osterteich aufnimmt. Dieser Kunstteich hatte früher die Aufgabe ein Pochwerk zu betreiben.

37

Obwohl zwischen den beiden Gebieten, dem Osterberg und dem Hungerberg, eine Entfernung von rund 250 m liegt, ist das gesamte Gebiet auf Grund von Stollenverbindungen als ein Grubengebäude zu betrachten.

Im unteren Abschnitt des Nordhanges des Osterbergs verläuft wenige Meter über Talniveau eine Harzgerode und Gernrode verbindende Kleinbahn (Anl. 2).

2. Beschreibung der Grubenbaue

Der Bergbaubetrieb auf den Gruben des Gernröder Reviers wurde 1873 endgültig stillgelegt. Der 1907 vorgenommene Versuch von Sümpfungen (so bezeichnet man im Bergbau das Entfernen von Wasser aus einem Grubenbau, aus dem Schachtsumpf oder aus dem gesamten Bergwerk A.d.R.) alter Grubenbaue blieb in den Anfängen stecken und erbrachte daher keine neuen Erkenntnisse über die Ausdehnung des Grubengebäudes. Auch die vorliegenden Angaben aus alter Literatur sind spärlich und geben keine umfassende Auskunft über die horizontale und vertikale Erstreckung der Untertageauffahrungen (Anl. 6 und 7). Lediglich aus den bergbaulichen Merkmalen übertage lässt sich der Umfang des Grubenbereichs in seiner horizontalen Erstreckung konstruieren (Anl. 5); über vertikale Ausdehnungen des Grubengebäudes kann jedoch das Pingengebiet nichts aussagen.

Nach alten Aufzeichnungen sollen im Gernröder Revier über 70 Schächte abgeteuft worden sein. Entsprechend den damaligen Möglichkeiten und nach dem heute vorliegenden Haldenmaterial kann es sich hierbei nur um kleine Versuchsschächte handeln, die Teufen über 30 m kaum überschritten haben dürften. Die Grube Neuer Glückshafen, die im Gebiet des Hungerberges aufsitzt, soll jedoch nach Angaben der Literatur eine Teufe von 100 m erreicht haben. Diese Teufe muss angezweifelt werden, da der

Ansatzpunkt dieser Grube nur etwa 40 m über Talniveau liegt und die technischen Mittel zur Sümpfung der unter diesem Niveau liegenden 60 m damals nicht vorhanden waren.

Ihrer Lage nach sind folgende Gruben bekannt:

Am Osterberg: Reicher Trost und Fruchtbare Eiche

Im Ostergrund: Güldener Bär, Höffliche Zeche und Kaiserkrone

Am Hungerberg: Glückshafen, Alter Himmlischer Segen, Himmlischer Segen, Herz des Himmlischen Segens und Getreuer Löwe

Die Stollenmundlöcher der im Osterberg aufgefahrenen Stollen „Siede Steuer Stollen" und „Christinen Stollen" sind im Gelände nicht mehr auffindbar.

Neben oben aufgeführten Grubenbezeichnungen finden sich in der alten Literatur weitere Schachtnamen wie Heiliger Teich, Versuchsschacht am Schäferberge, Preis Gottes, Gottes Gabe und Segen Gottes, deren Lage im Bergbaurevier nicht bekannt sind. Dasselbe gilt für den St. Georgen-Stollen, Katharinen-Stollen, Tiefen Stollen und Erbstollen.

Für die Sicherungsverwahrung kommt von der Vielzahl der Schachtpingen lediglich die nach der Aufwältigung in den Jahren 1957/58 als Lichtloch erkannte Pinge in Frage, die in Anlage 8 als aufgewältigtes Lichtloch bezeichnet wird.

Die ehemals etwa 3 m tiefe Pinge brachte bei den Aufwältigungsarbeiten in 5 bis 7 m Teufe Reste von Kriegsmaterial und Knochen zum Vorschein. Danach muss diese Pinge in den letzten Jahren bis in diese Teufe nachgesackt sein.

Die Aufwältigungsarbeiten erbrachten eine Teufe von 20,5 m. Bei 15 m ist die Schachtröhre birnenförmig ausgebrochen und erhält dadurch einen tonnenlägigen Charakter. Bei 20,5 m verengt sich das Profil derart, dass die weitere Aufwältigung aus technischen Gründen eingestellt werden musste. Das geologische Ziel, ein altes Streckennetz auszufahren, konnte nicht erreicht werden.

3. Abbauverfahren

Konkrete Aussagen über die angewandten Abbauverfahren im Bereich des Gernröder Bergbaureviers konnten auf Grund fehlender Unterlagen nicht gemacht werden. Sicher ist, dass die zum Teil bis übertage ausstreichenden Mineralgänge zu Beginn des Bergbaus in diesem Gebiet im Tagebau abgebaut wurden. Grabenartige Vertiefungen, die sich im Laufe der Jahrhunderte der Tagesoberfläche angeglichen haben und jetzt nur noch als flache Mulden in Erscheinung treten, weisen darauf hin. Da die ersten Bergbauversuche um das Jahr 1000 stattfanden, wurden neben dem geringfügigen Tagebau die ersten Untertage-Abbauversuche im Stollenbetrieb mit Hammer und Schlegel vorgenommen. Später, nach Einführung des Schießpulvers etwa um das Jahr 1632, wurde die zeitraubende Handarbeit durch Sprengarbeiten abgelöst.

Von diesem Zeitpunkt an konnte man zwar schneller an das Erz gelangen, dafür aber stellten sich, hervorgerufen durch den schnelleren Vortrieb, größere Mengen Grubenwässer ein, die, wenn sie nicht durch Stollen abgeleitet, meist mühevoll von Hand gehoben werden mussten.

Zwar wurde im Jahr 1746 eine Wasserkunst (ein System zur Förderung, Hebung und Führung von Wasser A.d.R.) gebaut, die von den Wässern des im selben Jahr gebauten Heiligen Teiches gespeist wurde. Die zur Verfügung stehenden Wassermengen reichten jedoch bei weitem nicht aus, um das Wasserhebewerk ständig in Betrieb zu halten.

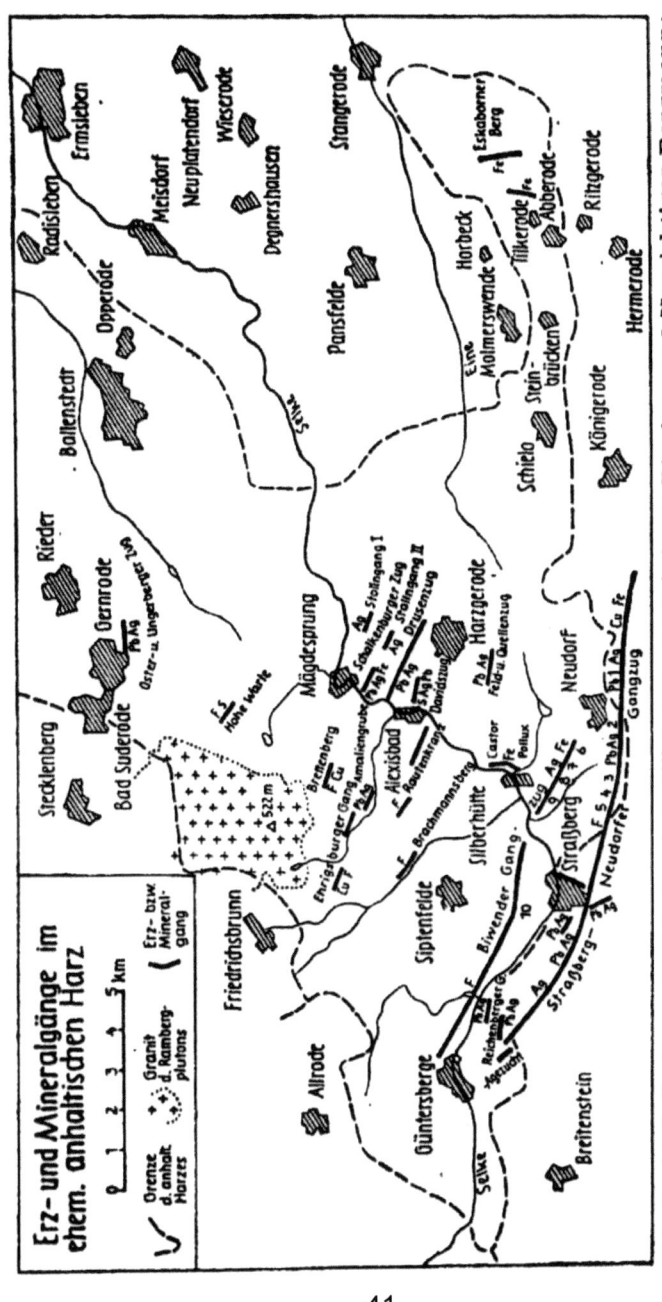

Abb. 1. 1 Pfaffenberg; 2 Meiseberg; 3 Glücksstern; 4 Mittlerer Birnbaum; 5 Vorsichtiger Bergmann; 6 Biwende; 7 Fürst-Victor-Schacht; 8 Glanschacht; 9 Kiesschacht; 10 Herzogschacht

Quelle: Abb.1. Eckhard Oelke, Der Bergbau im ehemals anhaltischen Harz 1972

Der im Bergbaugebiet angelegte Osterteich hatte lediglich die Aufgabe ein Pochwerk zu betreiben.

Das gebräulichste Verfahren für den Gangerzabbau im Harz war der Firstenstoßabbau. Dabei wurde von der Abbaugrundstrecke ausgehend nach oben Scheibe für Scheibe gewonnen.

Der Magazinbau wird kaum zur Anwendung gekommen sein, da diese Abbaumethode großflächige Vererzungen voraussetzt und im Gernröder Revier nur Gangmächtigkeiten von durchschnittlich 1 Meter angetroffen wurden.

4. Auffahrungszeiten

1037 - 1204 Erste Nachrichten über den Gernröder Bergbau; mit dem gewonnenen Blei wurden angeblich die Stiftskirchen von Gernrode und Quedlinburg und der Dom von Halberstadt gedeckt.

1205 Stilllegung auf Grund von Zwistigkeiten und Kriegen bis Anfang des 15. Jahrhunderts (diese Aussagen lassen sich nicht belegen A.d.R.).

1499 Verteilung von Privilegien durch das Anhaltische Fürstenhaus.

1500 - 1519 Wiederbeginn des Bergbaubetriebes; Auffahrungen von Stollen in einer Länge von fast 1.000 m.

1520 Stilllegung wegen Streitigkeiten, Pest und Krieg

1559 - 1563 geringer Bergbaubetrieb

1587 - 1630 Erneuter Bergbaubetrieb mit Aufwältigung des gesamten Stollensystems, Abteufen neuer Schächte und Auffahren von Strecken und Querschlägen.

1690 - 1700 Blütezeit des Gernröder Bergbaus

1746 - 1749 Reger Bergbaubetrieb mit Auffahrung neuer Stollen, Vertiefung vorhandener Schächte und Aufwältigung alter Verbrüche.

1778 - 1821 Bergbau auf Eisenspat

1873 Erwähnung einer mit Gernrode I bezeichneten Schwefelkies-, Eisen-, Blei- und Kupfergrube (diese bezog sich aber wohl auf des Gebiet Hagental/Stubenberg/ Herrenberg A.d.R.).

1907 Sümpfversuche alter Grubenbaue

1956 - 1958 Geologische Kartierung, Haldenbemusterung, geophysikalische Messungen, Aushub von Schürfgräben und Aufwältigung eines Lichtloches.

5. Ausbau und Versatz

Die Untertageauffahrungen im Gernröder Revier verlaufen sämtlich in der Nähe der Tagesoberfläche. Sie liegen zwischen 4 und 30 m Teufe. In diesem oberen Niveau ist das Gebirge durch zahlreiche Störungen tektonisch stark beansprucht und zusätzlich durch Verwitterungseinflüsse in seinem Gefüge aufgelockert worden. Da die Untertageauffahrungen in diesen Räumen verliefen, kann angenommen werden, dass der größte Teil der Auffahrungen durch Ausbau mit den damals üblichen deutschen Türstöcken gesichert werden musste.
Während die aufgefahrenen und später verlassenen Strecken nach den Erfahrungen in anderen Grubenbauen des Harzes ohne Versatz blieben und im Laufe der Zeit zu Bruch gingen, sind die alten Abbaue auf Grund der damaligen Abbaumethode (Firstenstoß bau) vermutlich versetzt worden. Lediglich der letzte Abschlag eines ausgeerzten Ausbaublocks blieb auf Grund wirtschaftlicher Erwägun-

gen meist ohne Versatz. Er hinterließ beim Abbauen nahe der Tagesoberfläche Einsenkungen, die heute gemeinsam mit den ehemaligen Schachtöffnungen und Stollenmundlöchern die Ausdehnung des gesamten Bergbaureviers anzeigen (Anl. 4).

6. Tagesöffnungen, oberflächennahe Grubenbaue, Bohrlöcher, Senden und Halden

Im Gernröder Bergbaurevier fand mit größeren Unterbrechungen fast 1.000 Jahre mehr oder weniger intensiver Bergbau statt. Die zahlreichen Pingen, Halden und Geländeeinmuldungen weisen darauf hin. Während in anderen Bergbaurevieren des Harzes die Größe der Pingen auf ehemalige Schächte hinweisen konnten, ist in diesem Untersuchungsgebiet die Feststellung schwierig, da hier die Pingen ihrer Größe nach unwesentliche Unterschiede aufweisen. Ihre Breite schwankt zwischen vier und acht Metern, die Teufe ist mit ein bis vier Metern gering. Auch aus dem geringen Umfang der Halden kann keine Schlussfolgerung über die ehemalige Funktion der anliegenden Pinge gezogen werden.

In zwei alten Zeichnungen finden sich der Lage nach einige Schächte mit ihren früheren Bezeichnungen und dem Verlauf der Stollen.
Die topographische Aufnahme des Untersuchungsgebietes wurde auf den Maßstab 1 : 2.000 umgezeichnet (Anl. 4), mit den aus Anlage 6 und 7 entnommenen Gruben und Stollen ergänzt und der Verlauf des vom Osterteich etwa 600 m nach Südwesten vorgetriebenen Stollens rekonstruiert und in diese Zeichnung eingetragen.
Die flachen Einmuldungen im Gelände sind durch nahe unter der Rasenoberkante liegende Abbauhohlräume entstanden, die sich im Laufe der Zeit zugesetzt haben und muldenförmige Vertiefungen an der Tagesoberfläche hinterließen. Die weiterhin im Untersuchungsgebiet zahlreich

auftretenden kleinen Trichter, die keine Halden aufweisen, sind als Einbrüche oberflächennah verlaufende Untertageauffahrungen zu werten. Die in Anlage 5 verzeichneten restlichen Pingen, bei denen Haldenaufschüttungen zu finden sind, lassen ehemalige Schächte und Lichtlöcher vermuten. Die zum Teil mit altem Baumbestand bewachsenen Halden weisen nur ein geringes Ausmaß auf. Sie zeigen, dass hier größere Untertageaauffahrungen nicht stattgefunden haben können. Ihrem Umfang nach unterliegen sie nicht der Anordnung vom 2.4.1968 über die Gewährleistung der öffentlichen Sicherheit zum Schutze der Volkswirtschaft von Halden und Restlöchern.

7. Geologische und lagerstättenkundliche Angaben

Das Untersuchungsgebiet liegt außerhalb des durch die Ramberg-Granitinstrusion hervorgerufenen Kontakthofes und wird fast ausschließlich aus Schichten der oberdevonischen bis unterkarbonischen Tanner Grauwacke gebildet. Der Schichtkomplex der Tanner Grauwacke besteht im Gebiet des Osterberges und des Hungerberges überwiegend aus Plattenschiefern. Es sind raue, plattig brechende Tonschiefer bis Grauwackeschiefer, die oft mit massiven Grauwacken abwechseln. Die Gesteine sind im unverwitterten Zustand widerstandsfähig. In Oberflächennähe ist jedoch auf Grund von Verwitterungseinflüssen und tektonischen Beanspruchungen das Gebirge brüchig und damit ohne festen Gesteinsverband. Die überaus zahlreich im Gebiet des Osterbergs, des Ostergrunds und des Hungerbergs anzutreffenden Pingen und Halden lassen im Gelände keine systematische Anordnung, wie sie etwa einem Gangstreichen entsprechen könnte, erkennen. Sie sind in ihrer Streubreite von fast 400 m unregelmäßig im Gelände verteilt und lassen die Vermutung zu, dass mehrere Paralleltrümer (so wird in der Geologie ein von einem Gang abzweigendes Teilstück bezeichnet A.d.R.) sich spießwinklig bis rechtwinklig miteinander

45

kreuzen und diese in ungeordneter Weise aufgefahren worden sind. Im Einklang mit den geologischen Beobachtungen steht der geophysikalische Befund. Danach streichen die Gänge im Gebiet des Osterbergs annähernd Ost-West, während sie südlich des Ostergrundes ein erzgebirgisches Streichen aufweisen (ein möglicher Hinweis auf die böhmischen Bewohner von Behem? A.d.R.). Querstörungen zerstückelten und verwarfen diese beiden Gangsysteme. Die Folge davon war, dass die Gänge stark absetzig und bauwürdig nur in kleinen Minerallinsen auftraten. Das Einfallen der Gänge ist mittelsteil bis steil nach Süden bzw. Südosten gerichtet.

Die Mächtigkeitsangaben der Mineraltrümer schwanken zwischen 0,3 und 2,0 m. Dabei dürfen die Sulfidgänge Mächtigkeiten über 0,5 m kaum überschritten haben. In den Gruben war silberhaltiger Bleiglanz das wirtschaftlich wichtigste Mineral. Daneben wurden im oberen Niveau der Gruben auch Eisenspat bauwürdig mit Mächtigkeiten von 2,0 m angetroffen. Kupferkies und Schwefelkies traten nur sporadisch auf. Sie wurden nur gelegentlich bei größeren Anbrüchen mit hereingenommen. In der Betriebsperiode 1037 - 1204 wird als Gewinnung Gold (goldhaltiger Pyrit?), Silber (silberhaltiger Bleiglanz), Kobalt und Wismut angegeben (Kobalt ist erst seit 1780 bekannt A.d.R.) angegeben (diese Angaben lassen sich für den Autor nicht verifizieren, da entsprechende Quellen nicht angegeben werden).

1818 soll im Gebiet des Osterbergs ein 0,8 m mächtiges Schwerspattrum angefahren worden sein.

Als Gangart findet sich Quarz in Paragenese mit Sulfiden; Kalkspat ist vorwiegend mit Eisenspat vergesellschaftet. Bergkristall (damals Iris genannt) war besonders in den Anfängen des Bergbaus Gegenstand des Abbaus. Produktionszahlen sind nicht bekannt. Die geförderten Mengen scheinen nach den heutigen Ansprüchen gemessen, nur gering gewesen sein.

Die meisten Schächte wurden nur bis zum Talniveau geteuft und erreichten Tiefen bis zu 30 m. Vereinzelt angegebene Teufen unter dem Talniveau dienten vermutlich nur zur Wasserhaltung. Danach muss angenommen werden, dass über dem Talniveau die Erze restlos abgebaut wurden. Unter Talsohle befindet sich unverritztes Feld.

8. Hydrologische Angaben

Das Bergbaurevier Gernrode liegt an den Talflanken und im Tal des Wellbaches und zwar das Ostergebiet am Südhang und das Hungerberggebiet am Nordhang dieses Tales. Die Höhendifferenz der Gruben am Osterberg zum Tal beträgt 40 - 50 m, die der Gruben am Hungerberg etwa 20 - 30 m. Sämtliche Gruben liegen im Einzugsgebiet des Wellbaches. Der von Südwest nach Nordost verlaufende Bach führt seine Wässer über den Osterteich im Raum von Quedlinburg in die Bode. Die etwa 5 m hoch angestauten Wässer des Osterteichs betrieben ein ehemals im Talgrund gelegenes Pochwerk. Das Mundloch des zum Osterteich führenden Stollens, der als Hauptstollen das gesamte Bergbaurevier entwässerte, ist heute von den angestauten Wässern überflutet. Während der Inbetriebnahme des Pochwerkes war der Wasserspiegel so einreguliert, dass ein ungehinderter Abfluss aus den Stollen heraus stattfinden konnte.

Aufgrund der Lage der Grubenbaue über Talniveau und unter der Voraussetzung, dass innerhalb der untertägigen Auffahrung keine zu Wasserstauungen führende Verbrüche vorhanden sind, kann angenommen werden, dass das gesamte Grubengebäude – abgesehen von einigen unter Talniveau geteuften Sumpfstrecken – wasserfrei ist. Der natürliche Wasserhaushalt ist durch den früheren Bergbau in diesem Raum nicht beeinflusst worden. Ansiedlungen befinden sich nicht im Bereich dieses Gebietes.

8. Bereits vorhandene und frühere Verwahrungen und Sicherungen

Bei der Einstellung des Grubenbetriebs in früheren Jahren wurden von den Alten aus Kostenersparnissen die zurückgebliebenen Schächte und Lichtlöcher meist nur notdürftig verwahrt. Das geschah damals, wie allgemein üblich, durch Abdeckung und Verfüllung der Tagesöffnungen wenige Meter unter der Rasenoberkante. Nach der Beschaffenheit der Bergbaurelikte an der Oberfläche ist anzunehmen, dass nachträglich keine weiteren Sicherungen vorgenommen wurden.

9. Befahrung des Objektes

Die Begehung des Untersuchungsgebietes wurde am 6.7.1971 durchgeführt. Ziel dieser Geländebegehung war das Auffinden des nach 1945 im Auftrag der Staatlichen Geologischen Kommission Berlin aufgewältigten Lichtloches. Dabei sollten an Ort und Stelle Entscheidungen über die notwendigen Sicherungsverwahrungen an diesem Lichtloch getroffen werden. Die zum Lichtloch gehörige Pinge wurde trotz unübersichtlichem Gelände aufgefunden und in der topographischen Aufnahme durch Einrahmung gekennzeichnet.
Bei der Suche nach diesem Lichtloch wurde festgestellt, dass sich unmittelbar am Schwesternweg, etwa 140 m östlich dieses Lichtlochs, eine Schachtpinge befindet, die mit ihrer Halde den Weg an dieser Stelle erheblich verbreitert und dadurch, in Verbindung mit hier aufgestellten zwei Ruhebänken, als idealer Spielplatz für die Kinder betrachtet werden muss. Wenngleich die alte Schachtpinge im Hinblick auf ihre Entstehung vor 1945 nicht unter die Verantwortung der Staatlichen Geologischen Kommission fällt, muss doch darauf hingewiesen werden, dass sie ihrer Lage nach eine Gefahr für den öffentlichen Verkehr bedeutet. Die zuständige Gemeinde Gernrode sollte von

der Bergbehörde veranlasst werden, hier notwendige Schutzmaßnahmen zu treffen.

10. Derzeitige Nutzung der Tagesoberfläche

Das gesamte vom Bergbau betroffene Gebiet wird forstwirtschaftlich genutzt. Es finden sich vor allem alte Buchenwaldbestände mit vereinzelt eingeschobenen Fichtengruppen.

11. Zuständigkeit für Verwahrungsarbeit

Die Entstehung des flächenmäßig umfangreichen Bergbaugebiets mit seinen zahlreichen Bergbaurelikten an der Tagesoberfläche ist auf bergmännische Arbeiten vor 1945 zurückzuführen. Diese Arbeiten begannen im Jahr 1037 und endeten, mit größeren Unterbrechungen, im Jahr 1873. Nach 1945 wurde lediglich ein Lichtloch bis 29,5 m Teufe aufgewältigt. Die Arbeiten mussten eingestellt werden, nachdem sich das Profil des Lichtloches derart verengte, dass eine weitere Aufwältigung aus technischen Gründen unmöglich wurde. Das geologische Ziel, ein altes Streckensystem anzufahren, wurde nicht erreicht. Daraus ergibt sich, dass die Teilaufwältigung dieses Lichtloches keinen Einfluss auf das Grubengelände haben konnte. Damit ist die Staatliche Geologische Kommission lediglich für die Verwahrung dieses Lichtloches als Rechtsträger verantwortlich. Das gesamte übrige Bergbaugebiet fällt unter die Rechtsträgerschaft der Gemeinde Gernrode bzw. des Staatlichen Forstwirtschaftsbetriebs Ballenstedt.

12. Einschätzung der zu erwartenden Einwirkungen auf die Tagesoberfläche

Das Untersuchungsgebiet besteht an der Tagesoberfläche aus zahlreichen meist kleinen Pingen und muldenförmigen Vertiefungen. Während die größeren Pingen auf

Schächte und Lichtlöcher hinweisen, können die flachen Einmuldungen je nach Form von ehemaligen Tagebauen oder von Senkungen über oberflächennahen Altbauen herrühren. Diese Setzungen rufen an der Oberfläche keine Veränderungen mehr hervor und sind daher als abgeschlossen zu betrachten. Anders liegen die Verhältnisse bei den Schacht- und Lichtlochpingen. Wenngleich auch angenommen werden kann, dass diese Löcher auf Grund ihrer ehemaligen geringen Teufe (4 - 30 m) von den Alten beim Verlassen der Grubenbaue voll verfüllt und damit vollständig gesichert wurden, so kann dennoch die Möglichkeit nicht ausgeschlossen, dass einzelne der tieferen Schächte unter Rasenoberfläche abgebühnt wurden. In diesem Fall wäre ein Einbrechen der im Laufe der Zeit morsch gewordenen Bühne möglich und damit eine Gefahr für Öffentlichkeit vorhanden.

13. Vorschläge für die Sanierung

Das Untersuchungsgebiet nimmt bei einer streichenden Erstreckung von rund 600 m und einer Breite von durchschnittlich 160 m eine Fläche von ca. 10 ha ein. Zur Gewährung der öffentlichen Sicherheit ist dieses Gebiet für eine Bebauung nicht geeignet. Die Randfläche dieses Bereiches, mit einer Breite von etwa 20 m kann für eine bauliche Nutzung nur bedingt verwendet werden, da in diesem Raum, wenn auch außerhalb der Untertageauffahrungen, durch mögliche schwache Erdbewegungen in Richtung zu den ehemaligen Abbauen Rissbildungen in Bauten auftraten könnten.

Für die Sanierung kommt lediglich das im Jahr 1957/58 aufgewältigte Lichtloch in Frage. Alle übrigen Bergbaurelikte sind vor 1945 entstanden und sind daher nicht Gegenstand dieser Analyse.

Das Lichtloch liegt abseits der Verkehrs- und Wanderwege, so dass ein Auffüllen der Pinge mit in unmittelbarer Nähe liegenden Haldenmaterial genügt. Als zusätzliche

Sicherung wird eine stabile Umzäunung mit der Aufstellung eines Warnschildes vorgeschlagen. In der Mitte der etwa 4 m breiten und 2 m tiefen Pinge hat sich ein mit Laub gefüllter kleiner Trichter gebildet (D 0,5 m, Teufe 0,5 m). Er zeigt, dass diese Setzung im Lichtloch noch nicht abgeschlossen ist.

Für die Verfüllung und unter Berücksichtigung weiterer Senkungen werden etwa 10 qm Massen benötigt; für die Umfriedung genügen etwa 20 laufende Meter Zaun. Nach der Durchführung der Sanierung wird eine bergschadenkundliche Dokumentation erarbeitet. Sie ist als Ergänzung der bergschadenkundlichen Analyse zu betrachten und dient dem Ziel der Bergbehörde Unterlagen zur Bearbeitung territorialer Fragen und zur Erstellung von Baugrundauskünften zu geben.

Die Einreichung des Betriebsplanes für die Sanierungsarbeiten ist erst möglich, wenn eine Kapazität für die Verwahrungsarbeiten gebunden werden kann.

14. Verwendete Literatur

Brühl, H., Bericht über die Erkenntnisse der Untersuchung auf Blei/Zink bei Gernrode/Harz vom 30.4.1959

Dahlgrün, F. und Schröder, H., Erläuterungen zum geologischen Blatt Quedlinburg (4232), Berlin 1927

Franke, R., Abschlussbericht über geoelektrische Untersuchungen im Gebiet Gernrode, VEB Geophysik Leipzig, 1958 (unveröffentlicht)

Hesemann, J., Die Erzbezirke des Rambergs und von Tilkerode im Harz, Archiv für Lagerstättenforschung, 46, Berlin 1930

Meczel, K., Bergberichte der Gernröder Gruben (keine Jahresangabe)

Gernrode am Harz - Silberteich
Kolorierte Ansichtskarte um 1900, von R. Lederbogen, Halberstadt

Gernrode am Harz - Heiliger Teich
Kolorierte Ansichtskarte um 1912,
von Verlagsanstalt „Kosmos", Halberstadt

Mertin, H., Zur Geschichte des Gernröder Bergbaus, Heimatborn 8, Quedlinburg 1921

Müller, Bergrat Müllers Bericht über den ehemaligen Gernröder Bergbau aus dem Jahr 1745

Radzinski, K.H., Beiträge zur Kenntnis der stratigraphischen, tektonischen und lagerstättenkundlichen Verhältnisse am Harznordrand bei Gernrode-Harz, Greifswald 1957, Dipl.-Arbeit (unveröffentlicht)

Geschichte der Gruben bei Gernrode, Anhaltisches Staatsarchiv, B 2g Nr. 612 Vol. II, Seite 57-72

Es gibt jedoch noch weitere Informationen zum Bergbaurevier Osterberg/Herrenberg, die in der oben aufgeführten Dokumentation fehlen.

Am Osterteich ist ein Bergbau-Informationsschild mit folgendem Text aufgestellt: „Er wurde vermutlich im 15. Jahrhundert als Stauteich für ein Pochwerk im Ostergrund angelegt, und war damals viel kleiner. 1713 wurde das Pochwerk in eine Mühle umgebaut, und der Teichdamm wurde erhöht. Der 800 Meter lange Ostergrundstollen wurde dadurch überflutet. Die Ostermühle wurde 1965 abgerissen. Der Teichdamm wurde 1984 erneuert."

Unweit davon, im Ostergrund, finden wir ein weiteres Informationsschild zum Schacht „Goldene Bär" und weiteren Schächten im Ostergrund. Die Tafelinformation lautet wie folgt: „Um 1530 war der „Tiefe Erbstollen" vom Osterteich 800 Meter unter dem I Ostergrund vorgetrieben, und die Lichtlöcher erhielten klangvolle Namen. Die Schächte erreichten in 15 bis 20 Meter Teufe den Stollen. Wegen starker Wasserzuläufe konnte unter dem Stollen nicht gearbeitet werden. In 310 Meter Entfernung vom Stollenmundloch war der Schacht "Goldener Bär", von dem ein Querschlag unter die alten Gruben am Osterberg führte. Die Schächte im Ostergrund trugen 1691 die Namen Gernröder

Glückshafen, Höfliche Zeche, Alter und Neuer Himmlischer Segen und Getreuer Löwe. Vom 24.9.1907 bis 19.12.1907 gab es Versuche den Stollen freizulegen, die aber wegen Wasserzulauf scheiterten."

Etwa 2 km südlich vom Osterteich, ebenfalls im Tal des Wellbaches, liegt der Heilige Teich, der auch ein Kunstteich ist.
Dort steht eine Bergbau-Informationstafel mit folgendem Inhalt:
„Fürst Victor Friedrich von Anhalt-Bernburg ließ 1746 - 1749 die Gruben im Ostergrund wieder betreiben und den Heiligen Teich als Stauteich für eine Wasserkunst anlegen."

Jedoch scheint an diesem Standort schon davor ein Naturteich bestanden haben, wie eine alte Sage berichtet, die ich in meinen Sagenbüchern neu formuliert habe:

Der Heilige Teich bei Gernrode

Heute ist dieser Teich, der mitten in dichtem Walde liegt, gut zugänglich. Ein Waldweg führt vorbei und die Selketalbahn fährt an seinem Ufer entlang.

Dies war zu jener Zeit, nach der Gründung des Gernröder Stifts um 963, ganz anders. Kaum jemand verirrte sich in diese schwerzugängliche Gegend.

Damals sprach es sich herum, dass die hohe, vielgeliebte Äbtissin Hathui diesen Teich als stillen Rückzugsort nutze. Der Teich entwickelte sich zum regionalen Wallfahrtsort, konnte man dort doch die fürstliche Frau mit dem guten Herzen, die den weltlichen Versuchungen entsagt hatte, antreffen. Jeder Kranke fand Trost und Hilfe bei dieser selbstlosen Gottesdienerin und wo sie Elend lindern konnte, da tat sie es.

Eines Tages wurde Hathui krank und musste das Bett hüten. Da trat eine Nonne ein und berichtete ihr von einer schwerkranken Frau, die dem Tode nah sei und sich nach der Äbtissin sehne. Da wurde es der kranken Hathui Bange. Sie dachte daran, wie nötig sie sei am Bett der Ärmsten, die sündenbeladen durchs Leben *gegangen war und nun keine Ruhe fand, trotz Beichte und Abendmahl. Es hielt sie nicht länger im Bett. Sie stand auf, kleidete sich warm an und eilte zur Hütte der Kranken, so schnell es ihre geschwächten Beine hergaben.*

Mit ihren Gebeten und ihrer unerschütterlichen Zuversicht gelang es ihr, die Kranke zu trösten und sie auf den bevorstehenden Tod vorzubereiten. Und als sie gegen Morgen in Hathuis Armen gestorben war, schlich die kranke Äbtissin zurück auf ihr Lager. Fieberschauer schüttelten sie und schwarze Schatten legten sich über ihre Augen. Mit unerschütterlichem Glauben eilte ihre Seele dem Himmel entgegen. Es war gegen Mittag, die Stunde, in der sie sonst alltäglich zu dem Waldteich gepilgert war, da stürzte ein Blutstrom aus ihrem Mund und bereitete ihrem erfüllten Leben ein Ende. Ihre Seele hatte sich emporgeschwungen, zu Gott.

Im tiefen Wald, an Hathuis Lieblingsstätte, dem Teich, weilten indes Arme, Geschundene und Krüppel. Denen hatte sie sonst immer Gaben mitgebracht und ihre Wunden versorgt. An jenem Tag, zu jener Stunde, war alles anders. Mit Staunen sahen die Teichpilger, wie sich plötzlich das Wasser blutrot färbte und unheilvoll aufschäumte. Dann wurde es wieder blasser und blasser, leuchtete grün auf und bekam zuletzt seine alte Farbe wieder und war still.

Der Teich wurde von diesem Tag an „Heiliger Teich" genannt.

Viele Jahrzehnte war der Gernröder Bergbau dann wohl vollständig erloschen. Er war einfach unwirtschaftlich geworden, denn die tagesnahen Vorkommen waren großflächig abgebaut und in größere Teufen vorzudringen erschien wenig lohnenswert: damals im 19. und zu Beginn des 20. Jahrhunderts wurde auf die afrikanischen Kolonien, die preiswert Bodenschätze liefern konnten, gebaut.

Aktie der Gernröder Bergbau-Aktiengesellschaft 1923
Quelle: Archiv Sternal

Dennoch bildete sich um 1911 eine Gernröder Bergbau GmbH, der die Bergwerksrechte für den Blei-, Kupfer- und Schwefelkies-Abbau in den Grubenfeldern I und II im Umfeld der Viktorshöhe verliehen wurden.

Da bald danach der Erste Weltkrieg ausbrach, waren die Aktivitäten dieser Gesellschaft wohl zunächst sehr begrenzt. Nach dem Krieg wurde die GmbH zur Gernröder Bergbau AG. 1923 wurde ein Mutungsplan erstellt und der Antrag auf Erteilung der Abbaurechte gestellt. Noch im Dezember 1923 gab die AG Aktien heraus. Doch schon 1924 musste die Gernröder Bergbau AG ins Konkursverfahren gehen. Die Aktionäre wie auch der Fiskus gingen leer aus. Es war das bisherige Ende aller Erzbergbauaktivitäten im Gernröder Revier.

Nach den zwei verlorenen Weltkriegen änderte sich die Gemengelage vollständig. Gernrode war nach kurzer US-amerikanischer Besatzungszeit sowjetische Besatzungszone. Die Sowjetunion forderte auf Grund ihrer erlittenen Kriegsschäden, Kriegsentschädigen in Form von Reparationen, also kostenlosen Transferleistungen als Entschädigungen.

Das Potsdamer Abkommen vom 2. August 1945 hatte vorgesehen, dass jede Besatzungsmacht ihre Reparationsansprüche durch Demontagen und Sachlieferungen aus ihrer eigenen Besatzungszone befriedigen sollte.

Zu diesem Zweck gründete die Sowjetunion in ihrer Besatzungszone zahlreiche sowjetische Aktiengesellschaften, darunter auch noch 1954 in der DDR aus der Wismut AG die SDAG Wismut. Im Wesentlichen beschränkte sich dieses Bergbauunternehmen, das weltweit zum viertgrößten Uranproduzenten werden sollte, auf den Abbau und die Gewinnung dieses radioaktiven Elements. Die Schwerpunktstandorte der SDAG lagen zwar in Sachsen und Thüringen, jedoch wurden alle Möglichkeiten von potentiellen Lagerstätten in der DDR geologisch geprüft. Dieser Prüfung wurden auch alle historischen Bergbauhinterlassenschaften unterzogen, die quellenmäßig zu recherchieren waren, so auch die von Gernrode.

Auch am Bremer Dammteich, südlich vom alten Bergbaurevier im Hagental/Stubenberg/Herrenberg und südlich vom Neuen Teich, suchte die SDAG Wismut von Mai bis November 1950 nach Uran. Es wurden zwei Schächte abgeteuft und Erkundungsstollen vorangetrieben. Der festgestellte Urananteil war jedoch angeblich für einen Abbau zu gering.

Zudem vermutete die SDAG Wismut in alten verlassenen Stollen Schätze der Nationalsozialisten, was zu einer Untersuchung führte, auch wenn geologisch keine Uranvorkommen zu erwarten waren.

Diese bergbaulichen Untersuchungen unterlagen einer strengen Geheimhaltung und selbst heute sind viele der damaligen Prospektionen bzw. deren Ergebnisse noch nicht bekannt.

Die Zeiten änderten sich: Die junge DDR war aufgrund von Devisenmangel weitgehend vom internationalen Rohstoffhandel abgeschnitten. Was also tun? Die naheliegendste Lösung war, die eigenen Rohstoffreserven und Bodenschätze zu nutzen. Daher begann man in der DDR ab Anfang der 1960er Jahre intensiv mit der geologischen Erkundung von Bodenschätzen.

So stieß man auch auf die Spatvorkommen im Gernröder Bergbaurevier. Ab 1965 wurde der geplante Gang durch Bohrungen erkundet. Im Rahmen des folgenden Auffahrens wurde recht umfangreicher Altbergbau angetroffen, welcher sich auch in zahlreichen kleinen Pingen und Halden entlang der Struktur der Schachtanlage widerspiegelt. Dieser Altbergbau drang jedoch vermutlich nicht tiefer als 20 m vor.

Fluorit, auch unter der bergmännischen Bezeichnung Flussspat oder seiner chemischen Bezeichnung Calciumfluorid bekannt, ist das Calciumsalz der Flusssäure und ein sehr häufig vorkommendes Mineral aus der Mineralklasse der einfachen Halogenide. Fluorit kristallisiert im kubischen Kristallsystem mit der chemischen Zusammensetzung CaF_2 und entwickelt kubische Kristalle mit vorwiegend würfeliger oder seltener oktaedrischer Kristallform sowie Durchdringungszwillinge, aber auch körnige, massige Aggregate.

Das gewonnene Flussspat wurde als Hüttenspat in der Metallurgie als Flussmittel für Schlacken im Eisenhüttenprozess eingesetzt, insbesondere als Zuschlag im Siemens-Martin-Ofen und im Elektrohochofen, sowie zur Herstellung von künstlichem Kryolith für die Aluminiumgewinnung verwendet und war zudem ein gefragter Importrohstoff.

Die Hauptschachtröhre, die sich nur wenige hundert Meter südlich des Mensingteiches befindet, wurde als Schacht „Hohe Warte" ab 1973 in den Berg getrieben. Die Grube „Hohe Warte" war ein eigenständiger Betrieb innerhalb des VEB Fluss- und Schwerspatbetrieb Rottleberode. Die vorerkundete, unmittelbar am Rande des Ramberggranits aufsetzende Ganglagerstätte wurde durch einen 1.500 m langen Grundstollen erschlossen. Dieser erlangt im Grubengebäude eine Teufe von etwa 150 m.

Drei heute verfüllte Schachtröhren bilden die Erinnerung an den Flussspatbergbau an der Hohen Warte von 1974 - 1985. Ab 1965 wurde der Gang durch Bohrungen erkundet. 1974 - 1976 wurde ein Stollen vom Hagental vorgetrieben, von dem die drei Schächte im Überhauverfahren 150 Meter von unten nach oben aufgefahren wurden. Der Schacht 0101 war Wetterschacht, die Schächte 0302 und 0103 waren Fahr- und Versorgungsschächte für die Abbaue. Im Produktionszeitraum, der 1985 endete, wurden rund 200.000 Tonnen Flussspat abgebaut.

Noch zu DDR-Zeiten wurde auch diese Grube im Gernröder Revier geschlossen und der Bergbau wurde wieder einmal vollständig eingestellt. Ob das auf Dauer so bleiben wird?

Die Grube „Hohe Warte" ist nun seit über 30 Jahren geschlossen. Dass Bergbau jedoch langfristige und schwerwiegende Folgen für ein ganzes Gebiet haben kann, zeigt dieser Schacht eindrucksvoll. Man könnte nun sagen, dass zur damaligen Zeit das Umweltbewusstsein noch nicht so weit verbreitet war, besonders nicht in der ehemaligen DDR. Und man könnte auch sagen, dass es damals noch an so manchen entsprechenden Umwelttechnologien gemangelt hat. Nun aber sind 33 Jahre seit der Grubenschließung vergangen und die Umweltverschmutzung ist noch genauso groß wie am ersten Tag.

Was war geschehen?

Nachdem der Rohstoffkörper im Grubengebäude erschöpft war, wurde eine Schließung der Grube beschlossen. Durch den Rückbau der Halden wurde der Versatz gewonnen (Material zum verfüllen untertägiger Hohlräume A.d.R.). Das Haldenmaterial, das nicht direkt als Versatz genutzt werden konnte, wurde zur Spat- und Berghalde Gernrode-Hagental aufgeschüttet. Mit einer Größe von 0,51 ha und einer Böschungshöhe von 17 m hatte diese Halde ihre maximale Größe erreicht. Bis in das Bachbett des Steinbaches wurde diese Halde aufgeschüttet, so dass an einer Stelle das Bachbett verlegt werden musste. Nach weiteren Verfüllungen, über die anscheinend keine exakten Aussagen getroffen werden können, sowie der Beräumung der Einbauten im Grubengebäude, wurde 1984 ein Verwahrungsbetriebsplan erstellt und 1985 genehmigt. Sämtliche Tagesüberbauten sowie die Abbausohlen 2 und 3 wurden im Rahmen der Verwahrung vollständig verfüllt. Die 1. Stollensohle blieb auf ca. 200 m mit einer Sonderbewetterungsanlage befahrbar. Von der obersten Bergbehörde in Halle/Saale wurde am 19.02 1988 die Erreichung des Verwahrungszieles erklärt.

Mit einem Wirtschaftsvertrag von 1986 übernahm die Wasserwirtschaftsdirektion Saale-Werra die Grubenbaue der 1. Stollensohle zum Zwecke der wasserwirtschaftlichen Nachnutzung vom Bergamt.

Nach der deutschen Wiedervereinigung wurde die Wasserwirtschaftsdirektion Saale-Werra ohne Rechtsnachfolger abgewickelt und keine staatliche Institution fühlte sich mehr für den Schacht zuständig.

Ich kenne den Steinbach noch aus meiner Kindheit und Jugend. Es war ein sauberer Gebirgsbach, in dem eine umfangreiche Fauna zuhause war; selbst Bachforellen waren in diesem Gewässer heimisch.

Mit Beginn des Bergbaus im Hagental wurde der Steinbach derart verschmutzt, dass zunehmend alles Leben erlosch.

Im Jahr 1992 wurden von der Stadtverwaltung Gernrode erstmals Verunreinigungen gemeldet. Jedoch war das Gewässer damals bereits biologisch tot.

Seit der Einstellung des Bergbaus im Hagentalstollen, der als Förder- und Entwässerungsstollen diente, fließen nun etwa 10 bis 30 l/s Grubenwasser in den Steinbach und das ohne jede Aufbereitung. Nach ersten Analysen enthält dieses Grubenwasser eine Eisenkonzentration von etwa 11 mg/l Wasser. Das klingt auf den ersten Blick wenig besorgniserregend, jedoch reagiert das im Wasser gelöste Fe^{2+} im natürlichen Gewässer mit Sauerstoff und wird so zu Eisenoxid, das sich als gelbe oder rote Ausfällung in gewissen Anteilen im Wasser löst und sich im übrigen als schmieriger Film im gesamten Gewässer absetzt. Hinzu kamen hohe Chlorid-Werte, die gemessen, jedoch anfangs nicht thematisiert wurden. Dieser Chlorid-Gehalt, dessen Herkunft wohl bisher noch ungeklärt ist, steigt im Laufe der Jahre immer weiter an. 1979 lag der Chlorid-Gehalt noch bei etwa 100 mg/l, im Jahr

1999 lag der Wert bereits bei 1400 mg/l und 2003 waren es schon 1800 mg/l. Die Salzkonzentration steigt bis heute weiter an, die Gründe dafür sind nicht klar.

In verschiedenen wissenschaftlichen Arbeiten zu diesem Thema werden höchst unterschiedliche Kontaminationsursachen benannt und als wahrscheinlichste Chlorid-Lagerstätten oder Mineralquellen im Einzugsgebiet benannt.

Drei Diplomarbeiten wurden bisher zu dem Thema der Grubenwasserreinigung der Grube „Hohe Warte" geschrieben: 2001 Tamme, Sylvana; 2003 Schindler, Steffi; 2003 Simon, Jörg. Sie stammen alle von der Technischen Universität Bergakademie Freiberg und enthalten zahlreiche Analysen und Vorschläge zur Grubenwasserbehandlung. Diese hier alle vorzustellen würde meinen Rahmen sprengen. Letztlich suchte und fand man wohl einen Kompromiss aus Umweltschutz und Wirtschaftlichkeit, der 2006/2007 umgesetzt wurde. Wie dieser gefunden wurde bleibt dem Bürger jedoch verschlossen.

Dafür wurden die Grubenwasser in einen extra dafür gelegten Erdkanal eingeführt und so unterirdisch bis zum Mensingteich geleitet. Dort wurde am Teicheinlauf eine Betonkaskade gebaut – die mit Natursteinen bedeckt wurde – über die das belastete Grubenwasser in den Teich eingeleitet wird. Durch die Kaskadeneinleitung soll das im Grubenwasser enthaltene Eisen mit dem Luftsauerstoff schnell reagieren und der entstandene Eisenoxid-Schlamm soll sich in einem abgetrennten Bereich des Teiches absetzen. Dazu wurde dieser Teichsektor mit einer Barriere versehen, damit der absackende Schlamm aufgehalten wird und nur klares Wasser oberflächennah in den Teich gelangt.

Eine große Investition mit wenig Erfolg: Der Mensingteich ist auch über 10 Jahre später noch biologisch tot. Wohl auch, weil das Auffangbecken nicht wie ursprünglich vorgesehen, regelmäßig ausgebaggert worden ist. Der Teich hat dann einen Überlauf

Hagentalstollen - verschlossener Eingang

*Leitung für die Grubenwasser über den Hagentalbach,
unterirdisch weiter zum Mensingteich*

Mensingteich

oben links: Zulauf der Grubenwasser über eine Betonkaskade

unten links: hinter der Barriere vom Zulauf aus

oben rechts: vor der Barriere der tote Mensingteich

in den Steinbach und somit gelangt das eisenoxidhaltige Wasser auch weiterhin in den Bach, der gleichfalls biologisch tot blieb. Zudem: Der anscheinend ständig wachsenden Salzgehalt im Grubenwasser wurde bei der genannten Maßnahme nicht mit in Betracht gezogen, denn die Kaskadentechnologie kann das Wasser nicht entsalzen.

Ich habe in den letzten Jahren des Öfteren von dem Grubenwasser „gekostet" und musste feststellen, dass der Salzgeschmack stark variiert, aber dennoch immer sehr gehaltvoll ist. In diesem Salzwasser, das teilweise an die Bad Suderöder Calciumquelle erinnert, können keine Fische, Lurche und auch keine Insektenlarven existieren.

Dieser unbefriedigende Zustand wurde in den letzten zwei/drei Jahren erneut zum Thema. Oftmals werden für Natur- und Artenschutzmaßnahmen horrende Summen ausgegeben. In dem Einzugsgebiet des Schachtes „Hohe Warte" leben eine Vielzahl von geschützten Tierarten: verschieden Molch- und Krötenarten, eine große Population von Feuersalamandern, Blindschleichen, Ringelnattern und einiges mehr, die zunehmend mit den erschwerten Umwelt- und insbesondere Laichbedingungen zu kämpfen haben. Die Grubenwasser des Schachtes „Hohe Warte" haben im Steinbach auf einer Länge von etwa 1.000 m alles Leben ausgelöscht, was auch für den mittendrin liegenden Mensingteich zutrifft. Das Eisenoxid sowie die, nun im Bachwasser gelösten, Salze, dringen bis in Bode und Saale vor und schädigen auch diese Flüsse.

Nun will der Landkreis Harz den Hagentalstollen sanieren bzw. dafür sorgen, dass die Grubenwasser nicht länger die Gewässer im Hagental verschmutzt. Dazu wurde zunächst das Ingenieurbüro GUB Freiberg mit einer umfassenden Untersuchung des Schachts sowie der Grubenwasser beauftragt. Die Arbeiten dazu wurden im Dezember 2017 aufgenommen und im Juni 2018 abgeschlossen.

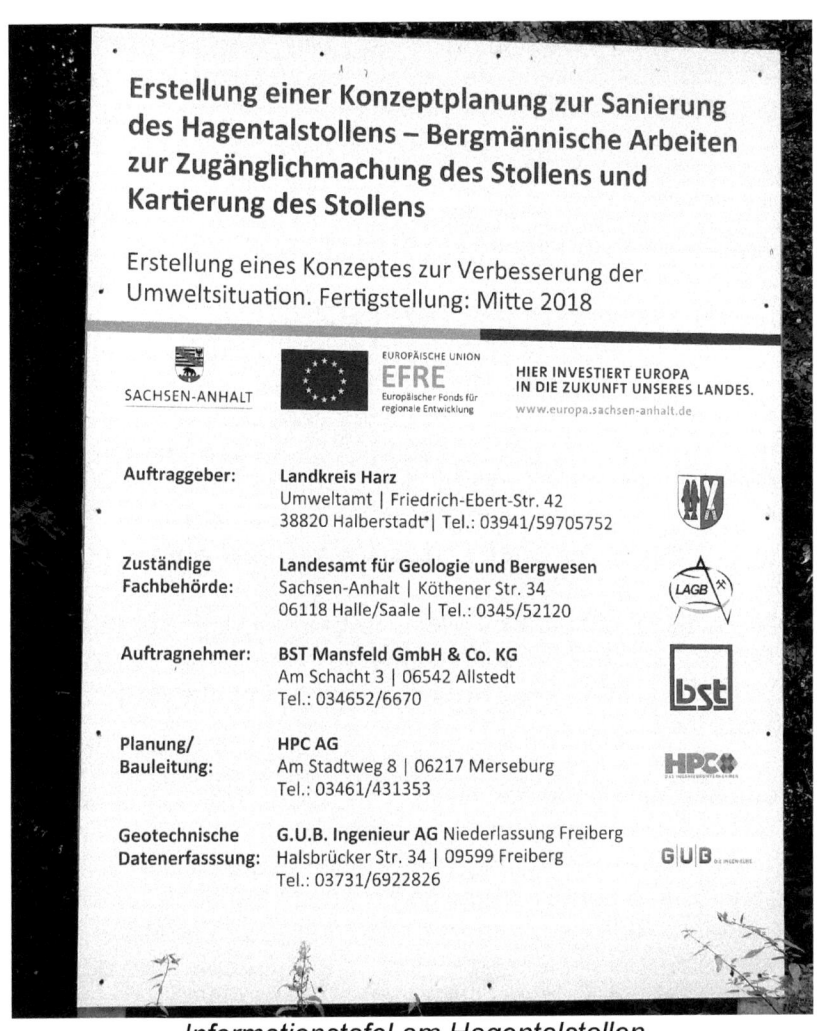

Erstellung einer Konzeptplanung zur Sanierung des Hagentalstollens – Bergmännische Arbeiten zur Zugänglichmachung des Stollens und Kartierung des Stollens

Erstellung eines Konzeptes zur Verbesserung der Umweltsituation. Fertigstellung: Mitte 2018

SACHSEN-ANHALT

EUROPÄISCHE UNION
EFRE
Europäischer Fonds für regionale Entwicklung

HIER INVESTIERT EUROPA IN DIE ZUKUNFT UNSERES LANDES.
www.europa.sachsen-anhalt.de

Auftraggeber:	Landkreis Harz Umweltamt | Friedrich-Ebert-Str. 42 38820 Halberstadt | Tel.: 03941/59705752
Zuständige Fachbehörde:	Landesamt für Geologie und Bergwesen Sachsen-Anhalt | Köthener Str. 34 06118 Halle/Saale | Tel.: 0345/52120
Auftragnehmer:	BST Mansfeld GmbH & Co. KG Am Schacht 3 | 06542 Allstedt Tel.: 034652/6670
Planung/ Bauleitung:	HPC AG Am Stadtweg 8 | 06217 Merseburg Tel.: 03461/431353
Geotechnische Datenerfasssung:	G.U.B. Ingenieur AG Niederlassung Freiberg Halsbrücker Str. 34 | 09599 Freiberg Tel.: 03731/6922826

Informationstafel am Hagentalstollen

Um die komplette Geologie im Schacht zu untersuchen musste dieser zunächst begehbar gemacht werden, denn es hatte sich mittlerweile eine bis zu 80 cm dicke Eisenoxid-Schlammschicht gebildet. Projektziel ist es, einen Damm zu bauen, der die Grubenwasser im Schacht zurückhält. 700 Meter tief drangen die

Geologen dazu in den Schacht vor. Das Gestein und die Beschaffenheit des Stollens stellten sich dabei anders dar als erwartet und als dokumentiert. Festgestellt werden konnte jedoch, dass mehr als 90 Prozent der mit Eisen und Salz belasteten Grubenwasser aus einem Bereich kommen, der hinter den untersuchten 700 Metern Schacht liegt, was den Bau einer Staumauer durchaus rechtfertigen könnte, so die Aussage der Geologen.

Noch sind jedoch nicht alle Daten ausgewertet und somit vom GUB Freiberg keine Empfehlung ausgesprochen worden. Wenn das geschehen ist, wird ein Projekt erstellt und darüber muss dann der Kreistag entscheiden. Es wir demnach noch einige Zeit vergehen, bis wir die neue Lösung zum Schacht Hagental kennen werden. Und es besteht die Hoffnung, die immer zuletzt stirbt, dass die Hagentalgewässer doch einmal wieder Lebensraum von Fischen, Lurchen und anderem Getier werden könnten.

Soweit zum ehemaligen Untertage-Bergbau im Bergbaurevier von Gernrode. Es gibt jedoch auch noch einen anderen Tagebau, der wohl das älteste Bergbaugebiet Gernrodes darstellt: den Bückeberg.

Bei der Heraushebung des Harzes vor ca. 65 Mill. Jahren wurden die ursprünglich horizontal liegenden Sedimente und mit ihnen auch die Muschelkalkablagerungen im Bereich der Harznordrandstörung angehoben, steilgestellt und überkippt. Es war eine sehr unterschiedliche Zusammensetzung – von weichen Tonen bis zu hartem Kalkstein, die dort emporgehoben wurden. Beträchtliche Mengen des Gesteins, insbesondere der weichen Schichten, verwitterten im Laufe der Millionen Jahre und Wind, Wasser und Eis taten ihr Übriges.

Der verwitterte nördlich von Gernrode aufragende Bückeberg ist so entstanden und präsentiert uns heute den 241 Millionen Jahre alten Muschelkalk der Urmeere.

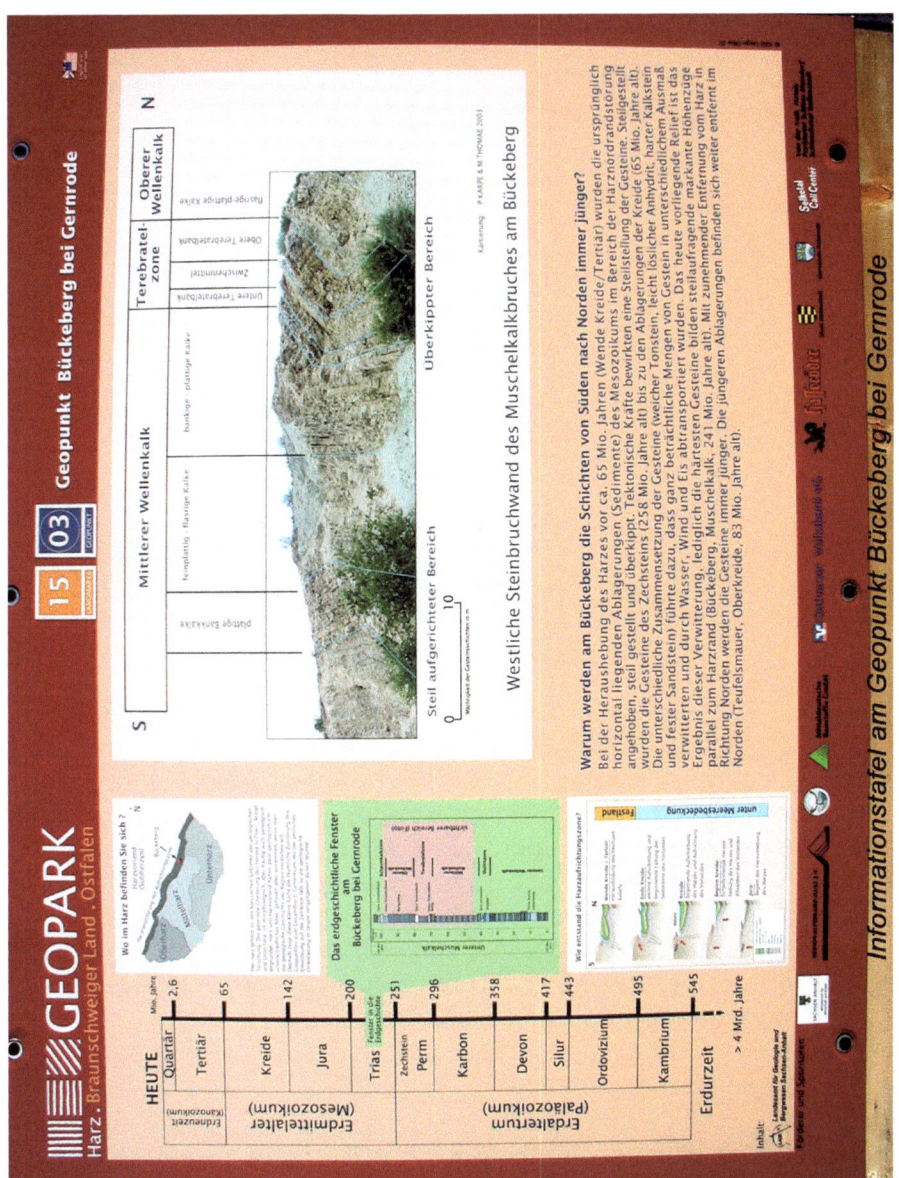

Informationstafel am Geopunkt Bückeberg bei Gernrode

Gesteinsschichten im Bückeberg-Tagebau

Wann die Menschen hier begannen diesen harten Kalkstein ab-zubauen, darüber kann nur spekuliert werden. Jedoch wurde die Stiftskirche St. Cyriakus aus diesem Kalkstein erbaut. Ein gesi-cherter Abbau ist also ab 961 zu belegen. Der Kalksteinbruch im Bückeberg wurde wohl über 1.000 Jahre betrieben, denn Bau-stoffe waren immer gefragt. Erst mit dem Ende der DDR fand auch der Kalksteinabbau sein abruptes Ende. Es wurde begon-nen die Abbaufläche, die von Osten her schon fast bis zur Mitte des Berges vorgedrungen war, mit Bauschutt der verschiedens-ten Großbaustellen zu verfüllen. Keine schöne Lösung für dieses Naturdenkmal, aber wohl die billigste für die Kommunen und die beauftragten Bauunternehmen.

Mit der Einstellung des Kalksteinbruchs Bückeberg war der Berg-bau im Revier Gernrode vollständig erloschen. Ob das jedoch endgültig ist, wer weiß das schon zu sagen!

Literaturverzeichnis

Der Harz/ Unser Harz, Monatszeitschrift 1920 bis 2018

Gmelin, Geschichte des teutschen Bergbaus, 1783

Hartung, Hans, Aus den Geschichte von Gernrode, Verlag Carl Mittag,

Harzverein für Geschichte und Altertumskunde, Jahresausgaben 1864 - 2016

Mertin, H., Der Gernröder Bergbau, Der Ostharz, 1925

Oelke, Eckhard, Der Bergbau im ehemals anhaltischen Harz, Martin-Luther-Universität Halle, 1972

Pfennigsdorf, E., Geschichte der Stadt Harzgerode, 1901

Zincken, J.C.L., Der östliche Harz mineralogisch und bergmännisch betrachtet, Braunschweig, 1825

Bildnachweis

Karte Seite 7: Wikipedia01

Weitere Bücher aus dem Verlag Sternal Media

Im Anflug auf Planquadrat Kaufmann - Anton/Berta/Caesar
Flugzeugabstürze des 2. Weltkrieges in der Harzregion
Autor: Bernd Sternal, Werner Hartmann

Flugzeugabstürze des 2. Weltkrieges in der Harzregion

Im Zeitraum der alliierten Bombenangriffe von 1941 - 1945 war das Harzgebiet nur selten Angriffsziel. Jedoch lag dieses Gebiet häufig auf der Anflugstrecke der Bombergeschwader in das mitteldeutsche Industriegebiet. Deshalb blieben Wernigerode, Halberstadt, Oschersleben und insbesondere Nordhausen nicht verschont.

Oftmals war die Harzregion zudem für die deutsche Luftwaffe Abfanggebiet für die alliierten Bomberverbände, was zu unzähligen Luftkämpfen führte.

Wie viele Flugzeuge im Harzgebiet abgestürzt sind, darüber lässt sich nur spekulieren – hier berichten wir über 244 Abstürze.

Doch es waren mit Sicherheit einige Flugzeuge mehr, wovon die meisten bis heute als verschollen gelten.

Taschenbuch: ISBN: 978-3-7412-6650-8

Harzer Pferdezucht im Spiegel der Geschichte
Autor: Bernd Sternal

Harzer Pferdezucht im Spiegel der Geschichte

Bernd Sternal

Heute hat die Pferdezucht und Pferdehaltung in der Harzregion fast keine Bedeutung mehr – ausgenommen das Bad Harzburger Gestüt. Das war aber im Mittelalter und davor ganz anders. Obwohl wir nur wenige historiografische Belege haben und die Archäologie uns diesbezüglich wenige aussagekräftige Befunde geliefert hat, ist der geschichtlichen Pferdezucht in der Harzregion ein hoher Stellenwert zuzuweisen – der Harz war Pferdezuchtgebiet.

Taschenbuch: ISBN: 978-3-7347-7111-8